ひろさちや

現代の課題に応える
仏教講義

法藏館

はじめに

　おじいさんがバス停の時刻表を、手にしていた傘の先でコツコツ叩きながら、文句を言いました。

「バスはもう十五分も遅れている。だいたいこの路線のバスは、時刻表通りに来たことなんかない。いつも、いつも遅れてばっかりだ。こんな時刻表なら、ないほうがましだ！」

　その気持ち、よくわかります。

　だが、そのおじいさんの連れ合いのおばあさんがこう言いました。

「だけど、その時刻表がないと、バスがどれくらい遅れているかわかりませんよ……」

　これは名言ですね。

　じつは仏教というものは、路線バスの時刻表のようなものだと思います。バスが時刻表の通りに走れるわけがありません。大都会のラッシュアワーだと、渋滞は日常茶飯事。その渋滞の中をバスが時刻表通りに走ろうとすれば、何人の人間を轢《ひ》き殺すことになるでしょうか。バスは遅れてあたりまえです。

でも、それじゃあ時刻表は不要ですか……?

時刻表がないと、バスがどれくらい遅れているかわかりませんね。

それと同じく、「仏教」の教えがないと、この世の中の狂いはわかりません。

わたしは、現代の日本社会は完全に狂っていると思っています。金・かね・カネの欲望主義の世の中。教育の荒廃。家庭の崩壊。こんな日本、正常なはずがありません。

だが、そうは思わない人も大勢おられます。改治家や財界人、高級官僚たちは、日本を「経済大国」「豊かな国」と捉え、理想郷のように思っているようです。

狂っていると見るわたしが正しいか、理想の国と見る人々が正しいか、普通に議論をすれば水掛け論になります。わたしはよく対談や鼎談《ていだん》をします。相手は科学者であったり、経営評論家であったり、教育学者、医者とさまざまです。そして、わたしが日本は狂っている、日本はおかしいと発言すると、相手から反撥されたり、顰蹙《ひんしゅく》を買ったりします。要するに水掛け論になってしまうのです。

なぜそうなるかといえば、わたしは仏教の教えを基準にしているからです。仏教を基準にすれば、この日本の現代社会は狂っています。しかし、日本の現代社会を基準にすれば、わたしのほうが狂っていることになります。

要は、座標軸の問題です。自分がどこに立っているかが問題なんです。

もちろん、わたしの座標軸は「仏教」です。仏教の教えです。

仏教の教えの上に立って、現代日本の社会とそこに生きる日本人を批判的に眺めたのが本書です。そして、それによって、

——われわれ現代日本人はどう生きればよいか？——


のヒントを摸索しました。

わたし自身、本書を執筆しながら、この狂った日本社会においてどう生きればよいかが見えてきました。それゆえに、きっと多くの人々にもヒントが与えられるだろうと思っています。

ただし、それは、現代日本のありように不安を感じておられる人々だけです。現代日本の社会の中で陽のあたる場所におられ、なんの不安もなくのうのうと生きておられる人には、本書は反撥と苛立ちを与えるだけでしょう。もっとも、そういう人は顕微鏡的少数であり、そういう人が本書を手にすることはほとんどないでしょう。ということは、本書は多くの読者に慰めを与えるだろうということになります。わたしはそう信じています。一人でも多くの人に読んでいただけると幸いです。

合掌

二〇〇〇年一月

ひろさちや

現代の課題に応える仏教講義＊目次

はじめに　i

1　何のために仏教を学ぶのか――世間とは違う価値観――
宗教教育は家庭でおこなえ　3　宗教教育の担当者は祖父母　6　仏教の彼岸性――波羅蜜多　9　有用価値と存在価値　13　存在価値の具体例　17

2　ほとけの物差しを身につける――その実践方法――
誰が真の仏教者か　21　常不軽菩薩の礼拝行　23　仏教は世渡り術ではない　26　仏教は道徳ではない　29　「役に立つ」は仏教とは無縁　32　礼拝行と懺悔行　34

3　自由に生きて幸福になる――「わたし主義」のすすめ――
世の中に役立つ人間とは何か　39　「自灯明・法灯明」の教え　41　自由に生きるための出世間行　45　いまの

自分が最高・最善の状態である48　忍辱行は出世間行51　幸福への道54

4　仏教の本当の教えとは――どの仏教解釈が正しいか――

現代社会という怪物57　若者に彼岸の価値観を教える61　仏教の解釈権は誰にあるか63　各人が解釈すべきもの66　身勝手な目的を排す70

5　釈迦は人間ではない――宇宙仏と分身仏――

聖書の難解さ75　大乗仏教と小乗仏教のちがい78　釈迦を人間と見るな81　釈迦は分身仏である83　宇宙仏の名は毘盧舎那仏86　釈迦如来の絶対の教え89

6　宗教の恐ろしさ――仏教原理主義のすすめ――

宗教の恐ろしさ94　二種類の宗教96　仏教は狂って

いない 99　仏教の絶対原理 103　「期待される人間像」
と仏教者の発言 105　社会の期待する人間像を粉砕す
る 108

7　いのちはなぜ尊いか―仏教の人間観・生命観―

怠ける権利 112　「諸法実相」は自由の教え 115　仏教
の人間観 117　いのちはなぜ尊いか 119　まんだらとし
てのいのち 123　たまたま「縁」によって変わる 125
世間の奴隷になるな 127

8　いのちは誰のものか―現代医学の誤りについて―

いのちは自分のものではない 131　いのちをめぐる常
識の危険 134　「滅私奉公」とどう闘うか 138　臓器移
植の問題(1)―輸血について 141　臓器移植の問題(2)―
角膜移植・鼓膜移植・腎臓移植 144　臓器移植の問題

(3)―心臓移植 147

9 死をどう考えるか―いのちの布施―

自然界は弱肉強食ではない 150　死はいのちの布施 153
人間に殺す権利があるか 156　仏教者はどう考えるべきか 159　死の意味 161　仏知見を持て 164

10 浄土とは何か―仏教の死後の世界観―

釈迦の答え 168　死後の世界を語る釈迦 170　相手の常識にあわせて教えを説く 174　輪廻転生は仏教と無関係 177　過去を追うな、未来を求めるな 180　阿弥陀仏にまかせる 184

11 業《カルマン》とは何か―共業《ぐうごう》と不《ふ》共業《ぐうごう》―

輪廻転生は差別の思想につながる 187　業とは行為と

その余力である 190　業が熟するということ 193　自業自得をどう考えるか 197　業の「単位」 199　社会全体が負うべき業 202

12

仏教の見方革命——大乗仏教の根本——

インサイド・アウトの視点 206　「生かされているわたし」の認識 208　縁の構造 210　良縁・悪縁・腐れ縁 213　憎しみも一つの縁 216　愛は煩悩であり束縛である 217　大乗仏教の解決法 220　ものの見方の革命 221

装幀　志岐デザイン事務所（下野　剛）

現代の課題に応える

仏教講義

1 何のために仏教を学ぶのか

――世間とはちがう価値観――

宗教教育は家庭でおこなえ

日本人は宗教音痴です。わたしは常にそう言いつづけています。

日本人は別段、宗教が嫌いではありません。結構、宗教は好きなんです。

その証拠に、日本には二億二千万人の信者がいます。各教団が報告する数字を集計すると、そうなるのです。考えてみてください。日本の人口は一億二千万人ですよ。それなのに二億二千万人の信者がいるのだから驚きです。

それに、これは一九九二年の統計ですが、宗教法人の数は十八万以上です。そして、過去十年間に宗教法人は千七百七十一増加しています。十年といえば三千六百五十二日です。そのあいだに千七百七十一の宗教法人が誕生したのだから、二日に一法人が「おぎゃあー」です。いかに日本人が宗教好きか、この数字からもおわかりいただけるでしょう。

だが、日本人は、いったい宗教とは何なのか、さっぱりわかっていません。

宗教は好きだけれども、真の宗教を知らない。だから、わたしは、日本人は宗教音痴だと言うのです。

わたしがおかしいと思うのは、日本人は、学校において宗教教育がおこなわれるべきだ、と思っている点です。

じつは、正直に告白しますと、昔はわたし自身がそう思っていました。もちろん、公立の学校において、特定の宗教教団の教義を教えてはいけません。公教育における宗派教育は、憲法で禁じられています。しかし、真の意味での宗教教育は、学校でおこなわれるべきだ。わたしはそう考えていました。

わたしはいろんな宗派の僧侶の方とお話しする機会を得ますが、多くのお坊さんが、日本の学校において宗教教育のおこなわれていないことを嘆かれます。

だが、それはおかしいのです。

わたしは、いま、公立学校においては宗教教育をおこなってはならない――と考えています。

なぜか？　理由は二つあります。

まず第一は、学校教育に対する不信です。日本の学校はもう目茶苦茶になっています。普通

の教育すら満足におこなわれていません。まさに、

——狂育——

になっています。そんな所で、どうして宗教教育ができるでしょうか。

第二に、大事なのは家庭教育です。宗教教育は本来、家庭教育の中でおこなわれるべきであり、家庭でしかおこなえないのです。

にもかかわらず、いまの日本には、家庭教育がありません。

ありません——と断言すると、語弊があるでしょう。わが子にちゃんと家庭教育をしている家庭もあるはずです。しかし、そういう家庭は顕微鏡的少数で、大部分の家庭では家庭教育がなされていません。

家庭において真の宗教教育がおこなわれていない状況にあって、学校で宗教教育がなされると、どういうことになりますか？　早い話が、現在、小中学校の教員のうちには、新興宗教、インチキ宗教の信者もいるのですよ。そういう先生が宗教教育（という名の宗派教育）をすればどういうことになるか、考えただけでもぞっとします。だから、学校において宗教教育をしてはいけません。わたしはそう主張します。

もちろん、これは現段階での話です。いつか将来、みんながそれぞれの家庭において宗教教育をうけるようになれば、学校において自分の信ずる宗教以外の宗教の教えを学び、他の宗教

を正しく理解することも大事になります。そうして他の宗教に対する寛容の精神を学ばねばなりません。だが、それは、各自が家庭においてみずからの宗教をしっかりと学んでいることが前提になります。いま現在において、学校で宗教教育をすることには、わたしは賛成できません。

宗教教育の担当者は祖父母

それから、日本人は学校教育を過大評価しています。

よく考えてください。学校教育なんてものは、人類の歴史のほんの一時期のものなんですよ。日本でいえば、明治になって出来たもので、それ以前には学校なんてなかったのです。しかし、家庭教育は、人類の歴史の最初からありました。何万年、何十万年の歴史があります。

したがって、はっきり言えば、

——学校なんかなくても教育はできる——

のです。いささか暴論に聞こえそうですが、別段暴論ではありません。あたりまえのことです。そして、重要なことです。このことをしっかりと認識しておいてください。

そもそも教育とは何でしょうか？　教育とは、第一義的には、親が子どもに施すものです。

父親は男の子に、その子が成人した暁《あかつき》に生活の糧《かて》を稼ぎ、自分の家族を養っていけるように、技術と知識と智恵を伝授します。

母親は女の子に、その子がやがて結婚して自分の家庭を持ったときに、その家庭をうまく切り盛りしていく技術と知識と智恵を授けるのです。

それが教育です。

カウボーイの家庭でいえば、父親は男の子に牛や馬の飼育・管理の技術と智恵を教えます。母親は女の子に、男どもをうまく牛耳る技術と智恵を授けてやるのです。農耕民族の家庭だと、父親は男児に種の蒔き方、隣人との付き合いのコツを教えてやります。母親は女の子に、料理や育児の技能と智恵を伝えてやるのです。そうした教育によって、やがて子どもたちが成人して自分の家庭を持ったとき、その家庭を運営できるのです。

このように家庭教育というものは、男児が父親の後継者となり、女児が母親の後継者となるための教育です。したがって、この教育は、父親・母親でなければできないものです。

それと、宗教教育があります。

この宗教教育の担当者は、家族の中の祖父母です。

父親や母親は、どうも宗教教育に向いていません。若すぎるのです。

若いということは、それだけ欲が強いわけです。やはり年を取って、人間が枯れてこないと宗教教育はできませんね。

いや、それよりも、宗教というものは、

――彼岸の価値――

に立脚しています。わたしは、宗教とは何か、と問われたら、この「彼岸性」ということを重視して答えます。では、「彼岸性」とは何か？　それについては、のちにゆっくり解説しますが、いまは簡単に、この世の価値とは違う次元の価値体系だと思ってください。この世で大金持になったとします。この世においては、それはすばらしいことです。でもね、いくら大金持になっても、あの世に逝くときは裸ですよ。お金は持って行けません。この世の価値体系ではお金はいいものですが、あの世の価値体系ではお金は役に立ちません。それが彼岸性だと思っておいてください。

その意味では、『新約聖書』の次のイエスのことばが、見事に彼岸の価値を教えてくれています。

《貧しい人々は、幸いである、

神の国はあなたがたのものである。

今飢えている人々は、幸いである、

あなたがたは満たされる。

今泣いている人々は、幸いである、
あなたがたは笑うようになる。
…………
しかし、富んでいるあなたがたは、不幸である。
あなたがたはもう慰めを受けている。
今満腹している人々、あなたがたは、不幸である、
あなたがたは飢えるようになる。
今笑っている人々は、不幸である、
あなたがたは悲しみに泣くようになる》（「ルカによる福音書」6）

人間、若いあいだは、この世（此岸《しがん》）の価値体系の中であくせくやっています。此岸の価値のほかに彼岸の価値があるんだとわかってくるのは、やはりある程度年を取ってからです。だから、宗教教育の担当者は祖父母になるのですよ。

仏教の彼岸性――波羅蜜多

さて、学校教育ですが、学校教育は当然、此岸の価値に立脚しておこなわれます。それはあたりまえですね。

此岸の価値に立脚するということは、要するに、

——世の中の役に立つ人間——

をつくることです。そして、この世の中の役に立つ人間は、社会によって時代によって変わってきます。たとえば、戦争中であれば、敵を多く殺せる人間がいちばん世の中の役に立ちます。高度経済成長時代は、モーレツ社員、企業戦士が世の中の役に立ちます。現代日本のような資本主義社会においては、じゃかすか消費する人間が世の中の役に立つのです。でも、もうすぐ、そのような浪費人間は世の中の敵にされるでしょう。

学校は、その社会、その時代に応じて、世の中の役に立つ人間をつくるところです。そして、どれだけ世の中の役に立っているかといった物差しでもって、人間を評価し、査定するところです。

そんな学校で、どうして宗教教育ができるでしょうか。

にもかかわらず、学校において宗教教育がおこなわれるべきだと主張されるお坊さんが多いのは、結局、お坊さんに宗教、仏教の何たるかがわかっていないのです。

わたしたちは、宗教とは彼岸の価値に立脚するものだということを、しっかりと確認しておかねばなりません。仏教はまちがいなく宗教なんですから、仏教もまた彼岸の価値に立脚しているのです。

というより、じつは〝彼岸〟といったことばが、仏教のものなのです。

〝彼岸〟はサンスクリット語で〝パーラム〟といいます。

わたしたちが住んでいる世界は此岸です。

此岸は煩悩の世界です。その煩悩の世界である此岸を去って、ほとけの世界である彼岸に渡ろう……というのが、仏教の基本です。すなわち、

——彼岸に渡れ！——

です。〝彼岸〟がサンスクリット語で〝パーラム〟、〝渡る〟は〝イター〟。したがって、〝彼岸に渡る〟は〝パーラム〟＋〝イター〟で、〝パーラミター〟です。

この〝パーラミター〟を漢字で表記すると〝波羅蜜多〟。それを省略して〝波羅蜜〟。

といえば、お気づきの方もおいででしょうが、『般若心経』は正しくは、

——『般若波羅蜜多心経』——

です。この〝般若〟は「智慧」という意味ですから（誰です!?　〝般若〟とは「お酒」の意味だ、と言われるのは）、『般若波羅蜜多心経』は、智慧でもって彼岸に渡る、その精髄（中心）を教えたお経——といった意味です。

要するに仏教は、彼岸の価値に立脚した宗教なんです。

したがって、わたしたちが仏教を学ぶのであれば、この彼岸の価値を学ぶのです。わが子に

仏教を教えるということは、この彼岸の価値を教えることです。

たとえば、彼岸の価値というのは、蠅や蚊、虱やゴキブリにも価値があるというのです。

それが証拠に、仏教では、

――「一切衆生悉有仏性《いっさいしゅじょうしつうぶっしょう》」――

と教えています。〝衆生〟というのは生きとし生けるものであって、あらゆる生きものがほとけのいのち（仏性）を持っているというのです。だから、仏教では、人間のいのちとゴキブリのいのちに差を認めません。キリスト教は、はっきりと人間を万物の霊長として、他の動物と区別していますが、仏教はそうではありません。したがって、仏教における「不殺生戒《ふせっしょうかい》」は、あらゆる生きものを殺さぬようにしよう、というものです。蠅や蚊を殺すのも、不殺生戒に抵触します。

そういえば、江戸時代の禅僧の良寛さんに、こんな話がありました。

冬の一日、縁側で日向ぼっこをしている良寛さんの襟元を、虱がもぞもぞと這っています。良寛さんはその虱を、「あなたも日向ぼっこがしたいんだろうね」と、縁側で日向ぼっこをさせてやりました。やがて夕方になると、

「寒くなりましたね、虱さん、お戻りなさい」

と、再び自分の肌着に戻されたといいます。

良寛さんは虱のうちに、ほとけのいのちを見ておられたのです。

これが仏教が教える彼岸の価値です。

こんな彼岸の価値を、学校で教えられますか……？

この彼岸の価値は、もちろん仏教の価値観です。

キリスト教では、先ほど述べたように、動物のいのちをランク付けています。仏教のように、あらゆる生きものを等しく扱うことはしません。

そうだとすれば、「虱さん、お戻りなさい」と教えることは、明らかに仏教の教義を教えていることであって、学校でそんな教育をすれば当然、キリスト教徒からは抗議されます。

学校で宗教教育ができないことは、これだけでも明白です。

宗教教育は家庭でおこなうものです。

有用価値と存在価値

彼岸の価値・此岸の価値について、もう少し考察しておきましょう。

彼岸はほとけの世界です。

此岸は娑婆《しゃば》世界です。〝娑婆〟ということばは、サンスクリット語の〝サハー〟を音訳したものです。〝サハー〟は「忍耐」を意味します。此岸は苦しみに満ちた土地であって、その苦しみを耐え忍ばねばならない土地という意味で、意訳をして「忍土」といいます。

この娑婆世界の価値観を、わたしは、

――有用価値――

と呼んでいます。つまり、そのものがどれだけ有用かによって、価値が測られるのです。娑婆世界ではそういう物差しが使われます。それが人間の物差しです。

それに対して、彼岸であるほとけの世界での価値観は、

――存在価値――

です。あらゆる存在がまったく同じ価値を持っています。あらゆるものが、存在しているだけで価値があるのです。そういう意味で、わたしはそれを「存在価値」と呼びます。そして、そのような存在価値を測る（実際には、あらゆる存在が同価値だから、測る必要がないのですが……）のが、ほとけさまの物差しです。

いま、ふと思い出したのですが、「とうとい」という漢字には、〝尊〟と〝貴〟がありますね。この漢字の使い分けは、他と比較して値打ちのあるものに〝貴〟を使います。〝貴金属〟がそうです。産出量が少ないので貴重とされているのです。一方、〝尊〟は他と比較しないで尊重するときに使います。したがって、

〝尊〟は……存在価値、

〝貴〟は……有用価値、を表しています。「人間尊重」はあらゆる人間をそのまま尊重するのですが、現実の娑婆世界には差別があり、人間は比較されてしまいます。航空機事故の遺族への慰謝料は、死者の生前の所得によって差別されるのですから、これは有用価値です。娑婆世界においては、すべてが有用価値で見られています。それが娑婆の価値観・娑婆の物差しなんですよね。今日、差別反対が叫ばれていますが、実際にはあらゆる差別を排することは不可能です。金・銀・鉄・銅をまったく同じに扱えば、どうなりますか。だから、差別反対は、あまりにも酷い差別を排しようというのであって、あらゆる差別を撤廃することではありません。要は程度問題なんです。

ちょっと筆が進みすぎました。

整理しておきます。

彼岸……ほとけの世界……存在価値……ほとけさまの物差し。

此岸……娑婆世界……有用価値……人間の物差し。

このようになります。

そして、仏教を学ぶということは、存在価値という価値観を学ぶこと、ほとけさまの物差しを学ぶことです。なぜなら、仏教は「彼岸に渡れ！」と命じています。わたしたちは此岸の娑婆世界で、人間の物差しでもって有用価値ばかり測っていますが、それをちょっとほとけさまの物差しでもってものを見るようにする、それが仏教を学ぶことです。

その意味では、学校教育とまったく反対です。

学校教育では有用価値を教えます。同じ虫を見ても、これは益虫、これは害虫と、その差別を教えるのです。

学校教育だけではなしに、家庭教育においても、親が子に教えるのは基本的には有用価値にもとづいた知識教育です。親が子どもに有用価値、人間の物差しを教えておかないと、子どもが社会に生きてゆけませんから、このような教育も必要です。

だが、有用価値観にもとづいた教育だけでは、おかしな教育になってしまいます。現在の日本の教育が、まさにそのおかしな「狂育」になっています。

たとえば、子どもたちは、「美しいものを愛しなさい」と教わっています。また、「世の中の役に立つ人間になりなさい」と教わっています。そうすると、当然、子どもは醜いものを憎みます。役に立たない人間（実際には、役に立たないと思われる人間）を軽蔑するようになります。だから、「いじめ」があるのです。

「いじめ」は子どもの世界だけではなく、おとなの世界、ビジネスマンの社会にもあります。日本のいたる所で見られる現象です。そして、「いじめ」があるのは当然です。人間の物差し――その人間の物差しは、わたしはゴム紐の物差しだと思っています。他人を測るときと自分を測るときとでは、ずいぶん目盛りが違っています。同じ悪いことをしても、あの人はこんなに悪い、わたしはそんなに悪くないと、ゴム紐のように伸縮自在です。つまり、自分勝手な物差しです。それが人間の物差し。その人間の物差しで測って、醜い人間、役に立たない人間をいじめるのです。人間の物差しを使うかぎり、いじめが起きて当然です。

このような人間の物差しのほかに、存在価値観にもとづいたほとけさまの物差しを学ぼうというのが、仏教を学ぶことです。

存在価値の具体例

具体例でもって、彼岸の価値観である存在価値を学んでみます。

クリシャー・ガウタミーの話が感動的です。

インドはコーサラ国の首都の舎衛城《しゃえじょう》に、クリシャー・ガウタミーと呼ばれる女がいました。彼女はあまりにも痩せていたので、〝クリシャー（痩せの）〟と渾名《あだな》されていました。

彼女に一人の男児がいましたが、その子がよちよち歩きをはじめたころ、突然、死んでしまった。

で、彼女は、その子の死体を抱えて、「どなたか、この子の生き返る薬をください」と舎衛城の街を半狂乱になってうろついていました。だが、誰も何もしてあげることはできません。

そのとき、祇園精舎《ぎおんしょうじゃ》から托鉢に来られたお釈迦さまが、

「女よ、わたしがその薬をつくってあげよう」

と言われます。そこで、その薬をつくるための原料となる芥子種《からしだね》を、これまで死者を出したことのない家から貰って来い、と命じられました。

クリシャー・ガウタミーは喜び勇んで家々を訪ねて回ります。そして、お宅では死者を出しましたか、と尋ねるのですが、死者を出さない家なんてありません。次から次へと尋ねて回るうちに、彼女は、

〈そうなんだわ、みんな、愛する者と死に別れた悲しみに耐えて生きているのだわ……〉

と、わかってきます。そして正気に戻りました。

「女よ、芥子種は手に入ったか？」

釈迦世尊が問われます。

「いいえ、お釈迦さま」と、彼女は言いました。「わたくしにはもう薬はいりません。この子を静かに葬ってやります」

これが釈迦世尊の教化です。

それでは、お釈迦さまは、いったい何を教えられたのでしょうか……？

わたしは、それは、存在価値であったと思います。

クリシャー・ガウタミーは、有用価値でもって考えていました。有用価値で測ると、頭のいい子、健康な子、元気な子、明るい子、かわいい子のほうが価値が高いのです。頭のよくない子、病弱な子、臆病な子、暗い子、不細工な子は価値が劣ります。そして、何より、生きている子は価値が高く、死んだ子の価値が低いのです。

だから、彼女は、死んだ子を生き返らせたかった。そうすることによって、死んだ子の価値を高めようとしたのです。

その彼女に、お釈迦さまは存在価値を教えられた。死んだ子を死んだ子として、そのままに愛することを教えられたのだと思います。

でも、わたしがこう言えば、冗談じゃない、死んだ子に価値なんてあるものか⁉ と、反駁される人もおられるでしょう。しかし、それは、あなたが有用価値で考えているからです。

わたしは知っています。たとえ一年の寿命しかない子でもいい、六カ月でもいい、わたしはこの腕に、自分の赤ん坊を抱いてみたい……と言われた女性を。クリシャー・ガウタミーは幸せなんです。二年間もわが子を育てることができたのです。二年間の寿命の子も、十年の寿命の子も、百年の寿命の子も、その存在価値はすべて同じです。それが彼岸の価値観です。

クリシャー・ガウタミーはお釈迦さまから、そのようなほとけさまの物差しを教わったのです。わたしはそう思います。

わたしたちが仏教を学ぶ意義は、このような、

――彼岸の価値・存在価値・ほとけさまの物差し――

を教わることです。娑婆の物差しで立身出世をしたり、子どもの成績をよくしたり、会社の経営に役立つノウ・ハウを教わるためではありません。そこのところをはっきりさせておいてください。

そうですね、有用価値・人間の物差しでもって、親が子どもに語り聞かせることばは、

「一所懸命努力して、立派な人間になりなさい」

でしょう。しかし、そんなことばに、子どもは感激しません。いや、反発するかもしれません。

存在価値、ほとけさまの物差しでもって、親が子どもに語り聞かせることばは、

「お父さんはおまえの味方だぞ。おまえがどんなことがあっても、たとえおまえが犯罪人になっても、お父さんはおまえの味方だ。安心しておれ」

「お母さんはあなたが大好きよ。あなたにどんなことがあっても、お母さんはあなたが大好きだからね」

です。そうしたことばが、子どもを救ってやれるのです。

あなたにそのようなことばが言えますか……?

2　ほとけの物差しを身につける
―その実践方法―

誰が真の仏教者か

《凡そ此の上人、蟻、螻《けら》・犬・烏・田夫・野人に至るまで、皆是、仏性を備へて甚深の法を行ずる者也、賤しみ思ふべからずとて、犬の臥したる傍《そば》にても、馬・牛の前を過ぎ給ふとても、さるべき人に向へるが如く問訊し、腰を屈《かが》めなどしてぞ通り給ひける》

これは『梅尾明恵上人伝記（巻上）』からの引用です。したがって、《此の上人》というのは、鎌倉時代の華厳宗の僧の明恵です。

明恵上人は、蟻や螻、あるいは犬、烏、すべての動物、すべての人間に仏性《ぶっしょう》があるのだから、決して軽んじてはいけないと言われ、犬が横になっているそばを通るとき、あるいは馬や牛の前を通るときには、ちょうど立派な人の前を通るときのように合掌低頭し、腰をかがめて通られました。そのように書かれています。

なかなかいい話ですね。

いや、いい話だとするには、いささか疑問があります。

もしもわれわれが道端でこんな人を見かけたら、きっと、

〈この人は気が狂っているのではないか……〉

と思うはずです。ある意味で、これは正気を逸した行動です。

でも、それが明恵上人であれば、われわれは、「すばらしい」「いい話だ」と思えるわけです。

もちろん、明恵上人でなくても、そこらのお坊さんであってもいいのです。ともあれ、お坊さんが犬や猫に合掌礼拝すれば、様《さま》になります。だが、普通の人がやれば、「気が狂った」と思われる。そこのところがおもしろいですね。

じつは、これは、彼岸と此岸の価値観の差なんです。

明恵上人は、完全に彼岸の価値観に立っています。

彼岸の価値観においては、人間であれ動物であれ、あらゆる存在が価値を持っているのです。

だから、あらゆるものに合掌低頭できるのです。

その彼岸の価値観にもとづく行為を、われわれが此岸の価値観で見ると、「狂気の沙汰」になります。まさに物差しが違っているのです。ほとけさまの物差しにもとづく行為を、人間の

物差しで測っているから、おかしなことになります。なって当然です。

ところで、わたしたちが仏教を学ぶということは、この、

――ほとけさまの物差しを身につける――

ことなんですね。彼岸の価値観に立脚し、ほとけさまの物差しを身につける。それ以外に、仏教を学ぶ意義はありません。いくらお経を暗記していても、あるいは仏典を漢文で読めたにしても、人間の物差しにしがみついていて、ほとけさまの物差しを身につけていないようであれば、その人は仏教を学んだことにはなりません。逆に、お経が読めなくても、坐禅をしないでも、ほとけさまの物差しを身につけている人は、立派に仏教を学んでいるのです。

つまりね、蠅や蚊、ゴキブリに合掌礼拝できる人が、すばらしい仏教者なんです。わたしはそう思っています。

常不軽菩薩の礼拝行

では、どうすれば、わたしたちはほとけさまの物差しを身につけられるでしょうか？

その方法は二つあると思います。

一つは……ほとけさまの物差しの獲得、

もう一つは……人間の物差しの放棄、

です。その中にいろんな方法がありますが、大きく分けるとこの二つになるでしょう。

そして、この二つの方法は、相互に関連しています。わたしたちは、ほとけさまの物差しを獲得することによって、人間の物差しを放棄できるのです。逆に、人間の物差しを捨てることによって、おのずから仏の物差しが身について来ます。いずれが先か、と問うことは、卵が先か、鶏が先か、と問うことと同じで、およそ無意味な質問でしょう。この二つの方法は車の両輪のようなもので、それぞれが助け合って車は前に進むのです。

だが、そうは言うものの、両方を同時に論ずると話がややこしくなりますから、最初にほとけの物差しの獲得の方法について解説します。

ほとけさまの物差しを身につけるいちばんいい方法は、わたしは、

——礼拝行《らいはいぎょう》——

だと思います。あらゆるものを拝む実践です。

明恵上人が、犬や馬、鳥、蟻、はたまたすべての人に合掌低頭されたのも、この礼拝行です。あるいは、前章に述べた禅僧の良寛さんの行動——虱に日向ぼっこをさせてやり、またその虱を自分の肌に戻された——も、すばらしい礼拝行です。つまり、あらゆるいのちを差別しないほとけさまの物差しにもとづいて、虱を拝まれたのが良寛さんです。

しかし、礼拝行の典型といえば、やはりあの、

——常不軽菩薩《じょうふぎょうぼさつ》の礼拝行——

ではないでしょうか。『法華経』の「常不軽菩薩品」に出てきます。

ご存じのように、この常不軽菩薩（常不軽比丘《びく》とも呼ばれます。比丘、すなわち出家者となって修行していたのです）は、過去世における釈迦仏の姿です。つまり、常不軽菩薩は礼拝行を行じた功徳によって、のちに釈迦仏となって生まれたのです。

その礼拝行については、『法華経』はこう言っています。

《その時、一《ひとり》の菩薩の比丘あり、常不軽と名づく。……この比丘は、凡そ見る所有らば、若《も》しくは比丘・比丘尼《びくに》・優婆塞《うばそく》・優婆夷《うばい》を皆悉く礼拝し讃歎《さんたん》して、この言を作《な》す。「我《われ》、深く汝等《なんだち》を敬う。敢《あ》えて軽《かろし》め慢《あなど》らず。所以《ゆえん》は何《いか》ん。汝等は皆菩薩の道を行じて、当《まさ》に仏と作《な》ることを得べければなり」》

常不軽菩薩は道で出遇う比丘・比丘尼・優婆塞（男性の在家信者）・優婆夷（女性の在家信者）を拝んだのです。

「あなたがたは未来において必ず仏となられます。それ故、わたしはあなたがたを敬い、決して軽んじません」

そう言って合掌礼拝します。

拝まれたほうは、なかには腹を立てる人がいます。いきなり変な坊主がやって来て、合掌礼拝されると、怒りたくなるかもしれません。打たれてはたまりませんから、常不軽菩薩は逃げます。逃げて石の届かない距離まで来れば、そこでまたその人を拝んでいます。
それが常不軽菩薩の礼拝行です。
そして、彼は、
《しかも、この比丘は専《もは》ら経典を読誦するにはあらずして、但《ただ》、礼拝を行ずるのみなり》
と書かれています。礼拝行以外の何もしなかったのです。それがお釈迦さまの前生における修行だった。『法華経』はそう言っています。
だから、わたしたちも、礼拝行だけでいいのです。それだけで十分だと、わたしは信じています。

仏教は世渡り術ではない

だが、勘違いしないでください。これは、たとえば商売人がするお辞儀ではありません。ときどきおいでになります。ナントカという商人は、顧客に深々とお辞儀をした。客が帰るとき、その主人はわざわざ店を出て、客の姿が見えなくなるまでお辞儀をして見送った。これこそが仏教精神である。禅の教えと一致する。といったふうに、成功した商人を自著の中で褒めそやしておられるお坊さんがいます。

しかし、そんなのは礼拝行ではありません。

礼拝行というものは、彼岸の価値観にもとづいた実践です。そこでは、あらゆる人に向けての礼拝が要請されています。

商人のお辞儀は、顧客に対してなされるものです。そして、金儲け、商売繁昌のためです。いわば金に対して頭を下げているのです。明らかに此岸の価値観に立脚しています。

いや、そんなことはない。あの人は、買わない客に対しても、ちゃんと礼拝をしている。そういう反論がなされるかもしれません。ですが、それもおかしいのです。買わない人に頭を下げるのは、その人がいつか顧客になってくれる可能性があるからです。あるいは、そうしておけば、顧客に対して好印象を与えるであろうという計算があります。

ともあれ、常不軽菩薩の礼拝行は、彼岸の価値観に立脚した実践です。それを此岸の場に持ち込まないでください。商業といった此岸の場で仏教を論ずると、仏教が死んでしまいます。なぜなら、仏教を此岸の場で論ずれば、仏教は一種の、

――処世術――

になってしまいます。それは仏教を殺すことなんです。

わたしは仏教の栄光のために言っておきたいのですが、仏教を処世術、世渡りの術にしない

でください。此岸の価値観に立脚して仏教を論じないでください。

そう言えば、芸能人やテレビタレントに話をさせる仏教講演会があります。しかし、彼らがどんなにいい話をしても、彼らが立脚している基盤は此岸の価値観です。あの人たちは成功者でありますが、その成功は此岸の価値観での成功です。人間の物差しで測った成功です。

ほとけさまの物差しには、成功も不成功もありません。

いいですか。たとえば、大学受験に合格した人が「成功」だとします。人間の物差しだとそうなります。けれども、競争があるかぎり、合格した人は誰か一人を不合格にさせているのです。「失敗」した人の犠牲の上に「成功」があります。そして、「成功」した人を褒めそやすことは、「失敗」した人を貶《おとし》めているのです。われわれが成功談に拍手を送ったとき、その陰で泣いている人をいじめているのです。

人間の物差しでは、それでもいいでしょう。

でも、それは、常不軽菩薩の精神ではありません。

ほとけさまは、成功者を褒めそやし、落伍者を貶められるでしょうか。

仏教講演会を開くのであれば、

——彼岸の価値観・ほとけさまの物差し——

に立脚した話を聞かせてあげてください。此岸の世界で成功した有名人の話はたくさんです。

仏教は、絶対に処世術・世渡り術ではありません。明恵上人や良寛さんのように、世間の物差しからすれば「狂っている」としか思えないのが仏教者です。仏教者は世渡りが下手であっていいのです。仏教を学んで経営に役立つなんてことはありません。

仏教とはそういうものなんですよ。

仏教は道徳ではない

ついでに、ここで、

——物を大事にする——

ということに触れておきます。

よくお坊さんが、「物を大事にしなさい」と説教されます。そして、それがまるで仏教の教えであるかのように言われますが、それはどうかと思います。いや、はっきり言って、それは仏教の教えではありません。

といっても、誤解しないでください。わたしは、物を大事にすることは悪いことだと言っているのではありません。物を大事にすることはいいことです。大いに物を大事にしてください。

しかし、わたしは、それは仏教とは無関係な道徳だと言いたいのです。

たとえば、「お父さん・お母さんを大切に」というのは、もちろん道徳的に正しいのです。

しかし、それが仏教の教えかと問われれば、わたしは「ノー」と答えます。親孝行というものは、仏教とは無縁な教えです。

だって、そうでしょうよ。親に孝行するのであれば、出家はできません。出家するということは、両親を棄ててしまうことです。出家したお坊さんは親不孝者になってしまいます。もっとも、現代の日本の仏教界には、真の出家者はいません。真の出家者とはホームレスです。お坊さんはちゃんと住む家をお持ちですから、出家者（ホームレス）ではありませんね。

けれども、釈迦はどうなりますか？　お釈迦さまの出家は、明らかに父親のシュッドーダナ王、養母のマハープラジャーパティーを棄てての家出であります。その意味では、仏教がインドから中国に伝わったとき、中国の儒家たちから仏教は攻撃を受けました。釈迦は親を棄てた大不孝者ではないか。そんな人間の教えはよろしくない、という論法でした。いや、中国ばかりでなしに、インドにおいてもそのことは言われていたのです。だから、仏教と同時代に興起したインドのジャイナ教においては、開祖のマハーヴィーラは、両親が亡くなったのちに出家したとされています。不孝者と言われたくなかったからだと思われます。

でも、わたしが言っているのは、お釈迦さまは親不孝者であった――というのではありませんよ。そこを勘違いされると困るのですが、親孝行・親不孝というのは、此岸の価値観にもとづいた道徳です。仏教は彼岸の価値観にもとづいた宗教ですから、道徳とは無縁だと言いたいのです。仏教を道徳の次元（ということは此岸の価値観）で論じてもらっては困るのです。

《道流《どうる》、儞如法《なんじにょほう》の見解《けんげ》を得んと欲せば、但人惑《ただにんわく》を受くること莫《なか》れ。裏《うち》に向い外に向って逢著せば便《すなわ》ち殺せ。仏に逢うては仏を殺し、祖に逢うては祖を殺し、羅漢に逢うては羅漢を殺し、父母に逢うては父母を殺し、親眷《しんけん》に逢うては親眷を殺して、始めて解脱を得ん》

これは、中国臨済宗の開祖、唐時代の禅僧の臨済義玄の言行録である『臨済録』からの引用です。現代語訳をしておきましょう。

「修行者たちよ、おまえたちが仏教に対する正しい理解をしたいと思うならば、絶対に人惑（人間を権威とする迷妄。わたしの言っている人間の物差しです）を受けてはならない。内からであれ外からであれ、おまえを束縛し、手枷《てかせ》足枷となるものがあれば、すぐさま断ち切ってしまえ。すなわち、仏に逢えば仏を殺し、祖に逢えば祖を殺し、羅漢に逢えば羅漢を殺し、父母に逢えば父母を殺し、親族に逢えば親族を殺せ。そうしたとき、はじめて解脱が得られるのだ」

これは道徳ではありませんよね。

仏教は道徳ではないのです。そこを混同されると、仏教はわからなくなります。

だから、「物を大事にしろ！」と教えることは、それは道徳的に正しいことであっても、仏教の教えではありません。その点をはっきりさせておいてください。

「役に立つ」は仏教とは無縁

どうも日本のお坊さんは、道徳的な教えを説きすぎます。物を大事にすることが、まるで仏教の根本原理であるかのように説教される人が多いのです。困りますよね。

物を大事にすることが、此岸の価値観にもとづいているかぎり、それは仏教ではありません。此岸の価値観は、

——役に立つ——

ことを至上価値にしています。役に立つものは貴ぶが、役に立たないものは軽視し、棄ててしまうのです。

でもね、役に立つものを大事にするのは、誰だってできることです。

にもかかわらず、年寄りが、いまの若い者は物を大事にしないと嘆くのは、年寄りと若い者とでは「役に立つ」といった物差しが違っているだけです。包装紙だとか古紐を大事に蔵《しま》っている年寄りがいますが、あんなもの、いつ役に立ちますかね……？　それだけの物を所蔵しておくスペースのほうがもったいないですよ。

ともかく、役に立つものを大事にするというのは、仏教と無縁の発想です。

だが、仏教者にしても、この点がよくわかっていないのです。

たとえば、『雑宝蔵経《ぞうほうぞうきょう》』という初期仏教の経典があります。その中に、老人を棄てる国の話が出てきます。その国の法律では、老人を棄てねばならなかったのですが、ある大臣が自分の父親を地下室にかくして養っていました。ところが、その国の王に天の神が難題を出します。「蛇の雌雄を判別せよ」「白象の重さを量れ」といった問題で、この問題が解けぬときは、おまえの命はなくなり、この国は滅びる、と言われました。王様はあわてますが、その難問を、大臣の地下室にいる老父が解く。それで助かった王様は、以後、棄老の法律を廃止した。そういった話です。

仏典がこういう話を収録しているのだから、これはまあ仏教が肯定している教訓話ということになります。

困りますねえ、こういう話を持ち上げられては。

これは、確かに年寄りを大事にしています。

しかし、では、なぜ老人を大事にするかといえば、年寄りは若者が持っていない智恵を持っているからです。白い象の重さを量るには、象を船に乗せ、沈んだ所に線を引いておき、あとでその船に小石を積んでその線の所まで沈め、小石の重さを量って合計すればよい――。それが地下室の老人の教えた智恵です。そういう役に立つ智恵を老人が持っているから、老人を貴びましょう……というのでは、それはあくまでも此岸の価値観です。人間の物差しです。

そうであれば、役に立たない老人は棄てられて当然、ということになりますよね。たとえばぼけ老人なんて、そんな智恵はないのだから、死んでもらいましょう……となりかねません。役に立つ・役に立たないの物差しは、若者と老人で違ってきます。どうしますか……?

だから、仏典に出てくるからといって、無条件にそれを仏教思想だと思わないでください。初期仏教の経典(いわゆる小乗仏教の経典です)には、相当にいかがわしいものがあります。いかがわしいというのは、道徳的、この世の価値観にもとづいている、といった意味です。仏教の彼岸性が無視されていては、仏教の話とは言えないのです。もっとも、これはわたしの独断と偏見であって、このような初期仏教(小乗仏教)の経典を非常に持ち上げておられる学者も大勢おられます。

礼拝行と懺悔行

ともあれ、仏教において重要なことは、

——彼岸性——

であります。ほとけさまの物差しなんです。ほとけさまの物差しにもとづいた礼拝行でなければ、仏教の実践にはなりません。

ところで、仏教には、

——〝まんだら〟——

といったことばがあります。これは〝曼荼羅《まんだら》〟〝曼陀羅《まんだら》〟とも表記されますが、サンスクリット語の〝マンダラ（maṇḍala）〟の音訳語ですから、わたしはわざわざ漢字を使うことはないと思って〝まんだら〟と表記しています。

サンスクリット語で〝マンダ〟は「本質」、〝ラ〟は「持つもの」の意味です。したがって、〝マンダラ〟は「本質を持つもの」ということになります。

仏教で「本質」といえば、それは「仏性」です。

ですから、「まんだら」とは、「仏性を持ったもの」という意味です。「ほとけのこころを持ったもの」といってもよいでしょう。

そして、大乗仏教では、

「一切衆生悉有仏性《いっさいしゅじょうしつうぶっしょう》」——生きとし生けるものがことごとく仏性を有している——

と教えていますから、存在するものはすべて「まんだら」です。だから、わたしは、「まんだら」を、

——小さなほとけさまのあつまり——

と言っています。蝶やトンボ、虱やゴキブリ、あなたもわたしも、みんな小さなほとけさまです。この宇宙がそうした小さなほとけさまのあつまりだと認識することが、「まんだら」の

精神です。

礼拝行がその「まんだら」の精神にもとづいてなされたとき、本当の意味での仏教の実践になります。

かりに、蝶やトンボは美しいから拝む、顧客は利益を与えてくれるから拝む、役に立つものは拝む、というのであれば、拝むという行為そのものは礼拝行に似ていますが、それは真の仏教の礼拝行ではありません。

その差をはっきりさせておいてください。

さて、ここからがちょっとむずかしくなりますが、わたしたちはほとけさまの物差し、「まんだら」のこころにしたがって礼拝行をしますが、一方では人間の物差し、浮世の物差しはどうなりますか……？　此岸の価値観を完全に捨て去るわけにはいきませんよね。良寛さんのように、「虱さん、お戻りなさい」はできません。良寛さんにそれができたのは、良寛さんが世《よ》捨人《すてびと》であったからです。完全に彼岸の世界の住人になっておられたから、此岸の価値観に束縛されなかった。だが、わたしたちは此岸の住人でありますから、どうしても此岸の物差しに縛られてしまいます。そこのところが問題です。

で、どうすればよいでしょうか……？

簡単に、結論を言います。

わたしは、

——彼岸の実践原理としての礼拝行——

と、

——此岸の行動原理としての懺悔行——

を組み合わせるべきだ、と考えます。

懺悔というのは、申し訳ない、すまない、といった気持ちを持つことです。これは、一般には〝ざんげ〟と読まれますが、仏教では〝さんげ〟と発音します。

礼拝行において、わたしたちは、生きとし生けるものすべてがほとけの子であることを学びます。したがって、蝿や蚊もほとけの子です。

ですが、此岸の世界では、蝿や蚊を拝みつづけることはできません。わたしたちは蝿や蚊を殺す必要があります。

しかし、そのときに、蝿や蚊は害虫だから殺してよいのだ、と考えたのでは、仏教になりません。それは人間の物差しによっているのです。

だから、蝿や蚊を殺すときに、ちょっとお詫びをするのです。「申し訳ありません。殺させてください」——それが懺悔行です。

義母がぼけ老人になりました。その面倒を見ないといけない嫁の苦労は大変です。きっと腹が立ちます。いくら夫を産んでくださったお義母《かあ》さんでも、どうしてわたしが犠牲にならないといけないの……!? そんな懐《おも》いが湧いて来ます。

それに対して、それは嫁の義務だと説くのは、道徳の考えであって此岸の原理です。仏教ではありません。

ですが、仏教では、礼拝行を言います。ぼけた姑を拝まねばなりません。その拝むことと、腹を立てることを両立させればいいのです。すなわち、彼岸の価値観でもって礼拝行をし、腹を立てるという此岸の行動は、「すみません」「申し訳ありません」といった懺悔のこころでするのです。

それしか方法はありません。腹を立てないほうがいいとも言えますが、そう言ってしまえばそれは聖人君子にしか実践できない教えになってしまいます。だが、そうなると、それは仏教ではありません。

仏教というのは、まずはほとけさまの物差しを身につけることです。ほとけさまの物差しを無理矢理此岸に通用させることではありません。わたしはそう考えています。

3　自由に生きて幸福になる

―「わたし主義」のすすめ―

世の中に役立つ人間とは何か

ある男が仕官のために文を為《つく》ることを学びました。彼はそれをマスターし、それで仕官しようとするのですが、その時の君主は老人ばかりを重用したので、彼は仕官できません。

さて、その君主が死んで、次の君主は武人を重用《ちょうよう》します。文人である男は、そこであわてて武芸を学びます。ようやく彼が武芸に習熟したころ、また君主が死にました。そして、次の君主は若者を重用します。で、彼は年を取っていたので、結局は仕官できませんでした。

これは、中国後漢時代の思想家、王充の『論衡《ろんこう》』という書物に出てくる話です。

なんだか、身につまされますよね。日本でも一時期、理科系の就職がいいというので、大勢が理科系に進学しました。だが、卒業のころは、理科系が不利になっていた、といった話もあります。

官庁においても、転勤してくる所属長の趣味に合わせて、碁がはやったり、麻雀がはやったり、ゴルフがはやったりするそうです。部下も大変ですね。そして部下がゴルフの道具を買い、練習をはじめたころ、新しい所属長が来て、ゴルフをやる者を目の敵《かたき》にする、といったこともありそうです。

じつは、わたしたちが持っている価値判断の基準は、

——役に立つものの価値は大きい——

というものです。だから人間を評価するときには、その人がどれくらい役立つかを査定します。また、学校教育においては、

「世の中の役に立つ人間になりなさい」

と教えられます。誰もそれを疑っていません。

ところが、いまの例でもわかるように、世の中の役に立つ人間は、時代の変化によってコロコロと変わります。いまの時代に役に立つとされた人間が、次の時代には役に立たないとされるケースはざらにあります。もちろん、その逆も多いのです。

そう言えば、わたしの小学校（当時は国民学校でしたが）のころは、

「贅沢ハ敵ダ！」「欲シガリマセン、勝ツマデハ」

と教わっていました。だが、それが後には、

「贅沢は素敵だ」「消費者は王様です」

になりました。しかし、おそらくもうすぐ、再び、

「贅沢は人民の敵だ」「消費型人間はギロチン台へ」

となるでしょう。なぜなら、地球の資源の涸渇は目に見えています。いまのままの経済成長型の社会がそう長くは続かないことは、ちょっと考えれば誰にもわかることなんですよ。


まあ、ともあれ、われわれが持っている価値判断の基準――わたしはそれを、「有用価値」「此岸の価値観」「人間の物差し」と呼んでいます――は、コロコロ変わるものであり、あやふやなものなんです。そんなものに付き合って、わたしたちの生き方を律していくのは愚の骨頂ではないでしょうか。世間が赤くなれば自分も赤くなり、青くなれば青くなる。それでは、まるでカメレオンです。

わたしたちは、もっと主体性を持つべきだと思われませんか。

「自灯明・法灯明」の教え

じつは、その主体性こそ、仏教の教えなんです。

仏教の開祖の釈迦世尊は、入滅に先立って弟子のアーナンダ（阿難）に次のように遺言され

ています。

《アーナンダよ、それ故に、自分自身を灯明とし、自分自身をよりどころとするがよい。他のものにたよってはいけない。法（真理）を灯明とし、法をよりどころとするがよい。他のものにたよってはいけない》（『大般涅槃経』二の26、渡辺照宏訳による）

これが有名な、

――「自灯明・法灯明」――

のことばです。わたしたちは人生という暗闇を歩むとき、自分自身を灯明としなさい、仏法という真理を灯明としなさい、と教えられたのです。

仏法を灯明にすることは、仏の物差しを身につけること、彼岸の価値観に立脚することでしょう。

自分自身を灯明とするのは、主体性を確立すること、世間（此岸）の価値観、物差しに振り回されないことです。その意味では、

――世間の奴隷になるな！――

と言ってもよいかと思います。

現代日本人の生き方は、どうも世間の奴隷になっているとしか思われません。いや、日本人は昔から世間のことが気になってならなかったようです。島国である上に、江戸時代の鎖国が、

日本人をそのように変えさせたのでしょう。だから、日本の小学生は、「みんなが持っているから、ぼくにも買ってほしい」と親にねだります。だが、聞いたところによると、アメリカの小学生は、「みんなが持っているから、ぼくはいらない」と言うそうです。明らかに日本の小学生は、小学生にして他人の集合体である世間の奴隷になっているのですね。

このような精神風土の違いの上に、近年の日本のサラリーマンは、多かれ少なかれ、

——会社奴隷——

になっているようです。それが証拠に、最近は、

——〝社畜〟あるいは〝社奴〟——

といったことばがつくられているようです。〝社畜〟は、〝家畜〟の類語で、家畜は家に飼われている動物ですが、日本のサラリーマンは会社に飼われている動物だというのです。〝エコノミック・アニマル〟と同じ意味ですね。そして〝社奴〟は〝会社奴隷〟の略語。〝農奴〟という歴史語がありましたが、その延長線上のことばです。

たしかに、近年の日本のサラリーマンは、「社奴」としか言いようがありません。

価値観がすべて会社本位になっています。

転勤を命じられて、子どもが高校生だからというので単身赴任を選びます。どうして……？と問われても、返答できません。会社が絶対価値になっているから、転勤せざるを得ない。で、

転勤するためには、子どものことを考えると、自分一人で赴任するよりほかない。そうなってしまうのです。

それが幸福ですか？　本当の幸福というものは、早い話が、家族そろって食事ができることなんですよ。家族が別れ別れになっているなんて、それだけで不幸なんですが、そんな思考はできません。単身赴任で、将来、自分は出世をし、子どもが一流大学に入る、それが幸福だと錯覚しています。あるいは幻想しています。それで、あげくは会社からリストラで追い出され、子どもが非行に走る。そうして幻滅を味わい、俺の人生って、何だったんだろう……と臍《ほぞ》をかむのです。

お釈迦さまがわたしたちに教えてくださったことは、そんな会社奴隷になるな！　ということでしょう。

会社奴隷はほんの一例です。会社奴隷でない人でも、わたしたちはたいがい此岸の価値観の奴隷になっています。此岸の価値観に縛られているのです。

貧乏人より金持ちが幸福だ、というのも此岸の価値観です。金持ちで不幸な人はいっぱいいますよ。逆に、貧乏でも幸福な人も大勢います。

病気は不幸で、健康が幸福だ、というのも此岸の物差し。健康で不幸な人はいっぱいいます。長寿が幸福で、短命は不幸、というのも人間の物差し。もう少し早くに死んでいれば、あの人も幸福だったのに……と、お葬式のときに言われる人がたくさんいます。長生きしたところで、幸福になれるとはかぎりません。

自由に生きるための出世間行

お釈迦さまの遺誡は、「自灯明・法灯明」でした。ということは、これが仏教の基本なのです。

「自灯明」というのは、自己の主体性を確立せよ、世間の奴隷になるな、世間の物差しに縛られるな、此岸の価値観を捨てちゃえ、ということです。

「法灯明」は、彼岸の価値観に立脚せよ、ほとけさまの物差しを身につけなさい、ということ。仏法――仏教の真理――を学ぶことであります。

「自灯明」と「法灯明」では、「自灯明」のほうが先にきます。これは、わたしたちが世間の物差し、此岸の価値観に縛られていると、仏教は学べないということでしょう。

破産の危機に直面した経営者が、禅僧に相談に行きました。

「まあ、お茶でも一杯、飲みなさい」

と、禅僧はお茶を出してくれました。ところが、湯呑み茶碗がいっぱいになっても、なおも禅僧が急須からお茶を注ぐもので、畳の上にお茶がこぼれます。

「和尚さん、お茶がこぼれています」

　客は注意しました。

「ほう、あんたにそれがわかるのじゃな。それなら話が早い。まず、あんたの頭を空《から》っぽにしなさい。あんたの頭には、いっぱい詰まっとる。それを空っぽにしないと、いい智慧の入りようがないのじゃ」

　禅僧はそう教えたといいます。誰の話か忘れてしまいました。いろんな禅僧の名に仮託されて伝わっている話です。たぶん作り話でしょう。

　しかし、この話は、重要なことをわたしたちに教えてくれます。わたしたちはまず此岸の価値観（人間の物差し）から解放されないと、彼岸の価値観（ほとけの物差し）は学べないのです。その意味で、「自灯明」が先で「法灯明」が後なんですよね。

　もっとも、「法灯明」——ほとけさまの物差し——がないことには、わたしたちは人間の物差しを捨てられません。先に人間の物差しを捨ててしまうと、わたしたちに物差しがなくなってしまいます。物差しがなくなると、その人の行動は狂気になるでしょう。

　だから、「法灯明」があるからこそ、わたしたちは世間の物差しを捨てることができるのです。その意味では、「法灯明」が先になるかもしれません。

　しかし、お釈迦さまが「自灯明・法灯明」と、「自灯明」のほうを先に言われたのは、わたしたちが仏教（法灯明）に帰依することをすでに表明しているからです。彼岸の価値観＝ほとけさまの物差しにしたがって生きると決意した者に対して、それなら、まずあなたは此岸の価値観＝人間の物差しを捨てなさい――と教えられたのです。わたしはそう解釈しています。

では、どうすれば、わたしたちに人間の物差しが捨てられるでしょうか……？

わたしは、この人間の物差しを捨てることを、

――出世間行《しゆつせけんぎよう》――

と名づけたいのです。じつは、最初はこれを「出家行《しゆつけぎよう》」と名づけようかと思いましたが、それよりは「出世間行」のほうがいいと思います。

いずれにしても、人間の物差しを捨てるには、わたしたちは「出家」せねばなりません。もっとも、この「出家」は、お坊さんになることではなしに、文字通りに「家を出る」ことです。それも、本当にホームレスになることではなしに、わたしたちが世間の価値観に縛られている、その束縛から自由になることです。その意味では、「こころの出家」といったほうがよさそうです。そして、そのような「こころの出家」といった意味を含めて、「出世間行」と呼びたいのです。「出世間行」とは、わたしたちが世間の価値観に縛られずに自由になることです。

そうですね、「出家行」といえば、ぱっと家を飛び出るかのようなニュアンスがあります。また、実際、かつての出家はそのような行為でした。しかし、わたしたちは実際に家を飛び出

てホームレスになるわけではありません。あくまでも家に居て、家族と一緒に生活しながら仏教を実践するのです。そのとき、わたしたちが世間の価値観に後生大事としがみついていたのでは仏教者になれないから、価値観の上では世間の物差しを放棄し、ほとけさまの物差しにしたがって生きるのです。それが仏教者の生き方であり、世間の価値観から離れて自由になる点においては、そのような生き方・実践を「出世間行」と呼ぶのがよいと思います。

いまの自分が最高・最善の状態である

では、出世間行とは何でしょうか？　どうすれば、出世間行ができるでしょうか？
細かな方法はいろいろとあります。
たとえば、古来言われてきた、
――六波羅蜜《ろくはらみつ》――
が、この出世間行なんですね。
六波羅蜜とは、
1　布施《ふせ》波羅蜜……こだわりのない心で施しをすること。
2　持戒波羅蜜……戒を守る実践。
3　忍辱《にんにく》波羅蜜……他人から受ける迷惑をじっと耐え忍ぶこと。

4　精進波羅蜜……努力すること。ただし、こだわりのない心での努力でなければなりません。
5　禅定波羅蜜……精神統一。
6　智慧波羅蜜……ほとけの智慧（彼岸の価値観）を身につけること。

の六つです。これが大乗仏教の基本的な実践徳目です。

あるいは、卑近な例でいえば、テレビを観ないことも出世間行といえるでしょう。わたしたちはテレビに毒され過ぎています。そしてテレビというものは、これでもか、これでもかと言わんばかりに、わたしたちに世間の価値観を植えつけてくるのです。そういうテレビを観ないことが、世間の物差しを捨てるいちばんいい方法かもしれません。

でも、わたしがこう言えば、そんなことをすると、世の中の動きに疎《うと》くなる、と反駁されるかもしれません。ですが、世の中の動きに疎くなってはいけない——というのが世間の物差しなんですから、その世間の物差しを捨ててしまえば、別段、世間知らずになっても困ることはありません。要するに、仏教は世間の物差しを捨てよと教えているのです。世間の物差しを基準にした反論は、ここでは通用しません。

そのほか、いろいろと方法はあります。

しかし、そんな細かな方法ではなしに、出世間行の基本といえば、

——自分がいまある状態が、これがいちばんいいと思うこと——

だと言ってよいでしょう。非常に簡単な方法で、これなら誰にでもできます。もっとも、最初は一種の痩せ我慢でしかないかもしれません。しかし、その痩せ我慢をつづけていれば、誰でも自分のいまある状態を最高・最善と思うことができるようになります。

ここまで書いてきて、いま、ふと自分で気づいたのですが、じつはこのことが大乗仏教の根本の教えなんですね。つまり、大乗仏教というのは、「自分がいまある状態を最高・最善と思え！」という、そんな単純な教理を説いているのです。そういう角度から大乗仏教の教えを整理してみると、非常によくわかると思います。

たとえば、布施行（布施波羅蜜）です。

大乗仏教では、こだわりのない心で布施をしろ、と教えています。こだわりのない心とは、相手をかわいそうに思って施したのではいけないのです。あるいは、相手からの感謝を期待してはいけない。

なぜなら、相手をかわいそうに思うのは、その相手を最高・最善の状態だと見ていないのですね。もっといい状態になれるのに……と思うから、かわいそうに、となるわけです。そんな気持ちで施したのでは、布施になりません。

大乗仏教では、布施は「喜捨」だと考えます。自分が持っているものを喜んで捨てるのが喜捨。だから、それを相手が利用してくれるか、それともこんなもの要らんと、ぽいしちゃうか、それは相手の問題です。自分には関係ない。自分はただ捨てるだけでいいのです。

そして、自分が自分の持っているものを布施・喜捨できると、自分が豊かになります。自分が最高・最善の状態だからこそ、捨てられるのですね。足りない、足りないと思っていたのでは布施できません。

ということは、布施をすること（布施波羅蜜）は、自分自身を最高・最善の状態にするための行為なんです。大乗仏教の布施は、そういう考え方にもとづいています。

忍辱行は出世間行

同じことは、忍辱行（忍辱波羅蜜）についても言えます。

忍辱というのは、他人から受ける迷惑をじっと耐え忍ぶことです。

ところが、この忍辱行、相手が、わたしはあなたに迷惑をかけていますと自覚しており、〈すみません〉といった気持ちを持っていてくれると、こちらはわりとしやすいのです。でも、そんなことはほとんどない。相手はこちらに迷惑をかけているなんて、露思っていません。そんなとき、こちらがじっとそれを耐え忍んでいるなんて、馬鹿らしく思えます。そうすると、忍辱行はできません。

おもしろい例があります。

イタリアに行ったとき、イタリアに留学していた日本人女性から聞いた話です。

彼女は下宿代を安くするため、アメリカ人留学生と二人で一部屋を借りていました。

二人は共同生活のルールを決めました。そして、門限は十時にしようとなったのです。

だが、ときどき、アメリカ人は門限を破ります。

それを日本人は黙っていました。許してやったのです。彼女にそんな知識はなかったでしょうが、仏教でいう忍辱行です。

ところが、ある夜、日本人が門限に遅れました。

すると、アメリカ人女性が猛烈に怒るのです。

「あなたみたいな人と一緒に生活するなんて、わたしは損する」

そんなことばを言われました。

だが、日本人は、「すみません」と謝りました。

その夜はそれですんだのですが、それから三日ほどして、また日本人が門限を破りました。

そうすると、アメリカ人は怒りに怒って、日本人がどう謝っても許してくれません。共同生活をやめる、と宣言したのです。

それで、日本人が反論しました。わたしはたった二回の遅刻よ、あなたは何度門限を破ったのよ。わたしはあなたの遅刻を我慢していたのよ。損しているのはわたしであって、あなたじゃない！　怒りたいのはわたしのほうよ、と。

アメリカ人は驚いたそうです。

わたしは、あなたがわたしの門限破りをそんなに気にしているとは思っていなかった。あなたは別段、それを気にしていないのかと思っていた。そんなに気にしていたのなら、なぜ、最初にわたしが門限を破ったときに言ってくれなかったのか。アメリカ人はそう言ったのです。

ここに日米の文化摩擦があります。日本人とアメリカ人の、人間の物差しの違いがあるのです。

日本人は黙って相手の遅刻を許してやります。それは、相手が自分の遅刻を悪いと思い、許してもらったことに感謝しているだろう……と思うからです。つまり、このとき、日本人は、許したほうが一点を貸していて、許されたほうは一点を借りている状態になったと思っているのです。

だが、そんな物差しはアメリカ人には通じません。アメリカ人は、自分の遅刻を相手が抗議しないのは、相手にとってそれは苦痛でないからだ、と判断したのです。しかし、わたしにとっては、遅刻されることは苦痛だ。だから、やめてほしい……と抗議をしてくるのです。

これは完全に物差しの違いから生じた誤解です。

人間の物差しにはいろいろあるのですね。同じ日本人どうしでも、人によっては違った物差しを持っています。

したがって、人間の物差しにもとづいていたのでは、忍辱行はできません。

忍辱行は人間の物差しを捨てたところで成り立つものです。ですから、それは出世間行なんです。

相手が、自分の行為が他人に迷惑をかけていると気づいていない状態で、わたしが自分勝手にする行でなければなりません。そうでないと、出世間行にならないのです。

幸福への道

こうしてみると、仏教の実践というものは、相手には関係なしに、あるいは社会とも関係なしに、自分勝手にやる実践なんですね。だから、それは出世間行なんです。釈迦が「自灯明」を言われたのも、そのためだと思われます。

その意味では、仏教は個人主義です。個人主義というより、

――「わたし主義」――

と言ったほうがよいでしょう。

仏教が「わたし主義」であることを示す顕著なことばは、

《弥陀の五劫思惟の願をよく〳〵案ずれば、ひとへに親鸞一人がためなりけり》

といった、『歎異抄』の中の親鸞のことばだと思います。阿弥陀仏の衆生済度《しゅじょうさいど》の願いは、すべて親鸞一人を救わんとして立てられたものである、と彼は言うのです。もちろん、この「親鸞一人」は、「ひろさちや一人」であり、読者のそれぞれ「一人」であります。それがわかったとき、わたしたちははじめて仏教者となれるのです。仏教者となることは、

——仏教を生きること——

です。仏教を実践し、仏教的に生きたとき、仏教的に幸福になれるのです。でも、いいですか、「仏教的に幸福になれる」のであって、「世間的に幸福になる」のではありませんよ。そこのところを、よく認識しておいてください。

そうですね、わたしたちが仏教的に幸福になろうとすれば、わたしたちはしばしば世間から非難・攻撃されます。おまえのように、いまのわたしが最高・最善の状態にあると思っていたら、進歩発展はなくなる。社会はちっともよくならないではないか。われさえよければいいという、そんな考え方はエゴイズムだ。そういった罵声が浴びせられるでしょう。

しかし、気にする必要はありません。世間は世間の物差しを基準に、仏教者を非難するのです。その物差しは、つまるところ、たばこをすぱすぱ吸う人が多ければ進歩発展であり、自動車の台数が多くなることが（それは交通事故死の増加を意味しますが）進歩発展です。教室の中で四十人の子どもたち全員に、「がんばれ、がんばれ」と叱咤し、みんなに背伸びをさせて、

みんなが背伸びをすれば、背の高い子は高くて、背の低い子は低いのに、背の低い子が、「おまえは背伸びが足らん。がんばりが足らん」と叱られているのが、世間の物差しで測った切磋琢磨であり、その切磋琢磨によって進歩発展があると、世間の人々は信じているのです。

いいんですよ、そんなものは無視して。

わたしたちは仏教者なんだから、世間の物差しを捨てて、ほとけさまの物差しを信ずればいいのです。

そのほとけさまの物差しによると、わたしたちはみんな、自分がいまある状態が最高・最善の状態なんです。だから、このままでわたしたちは幸福なんです。

それが仏教の教えです。

それが仏教の「わたし主義」です。

世間の物差しは、しばらく忘れましょうよ。

4　仏教の本当の教えとは

―どの仏教解釈が正しいか―

現代社会という怪物

現代日本の若者たちは気の毒です。かわいそうです。つくづくそう思います。洋の東西を問わず、歴史の古今を問わず、若者というものは、

――批判的――

であります。批判的であるところに、若者の特色があるのです。

それに対して年寄りは、どうしても保守的になります。現在の体制、秩序を「伝統」の名称のもとに擁護しようとします。まあ、大部分の老人は現在の体制の中でぬくぬくとしておられるのですから、それを守ろうとするのは当然ですね。

若者は、現在の社会を批判し、否定し、そしてときには破壊しようとします。現体制を肯定

していたのでは、若者の出る幕はなくなります。だから、現体制を否定するのは、若者の特性であると同時に特権でもあるわけです。

けれども、既存の社会を批判し、否定する仕事は、そう簡単ではありません。ちょっとやそっとの力では壊れないように、社会は出来ています。

で、若者が現体制を批判し、否定するには、なにか大きな力を藉《か》りる必要があります。あるいは、彼らを支えてくれる権威が必要です。

そのような力、権威が、宗教であり、イデオロギーであり、思想であります。

わたしの学生のころは、イデオロギーとしてマルクス主義がありました。わたし自身もそうであったのですが、多くの若者たちがこのマルクス主義に支えられて、社会体制を批判し、否定してきました。あるいは、マルクス主義ではなしに、サルトルの実存主義に魅せられた若者も大勢いました。わたし自身はマルクス主義のほかに、インドのマハトマ・ガンディーの哲学をも学びました。

わたしたちはそのような権威を後ろ楯にして、当時の日本の社会を批判的に眺めてきました。

それがよかったと思います。

社会を批判的に眺めたおかげで、社会が個人に押し付けてくる価値観から自由になれたのです。

社会がわたしたちに押し付けてきた価値観は、端的に言えば、

――エコノミック・アニマル――

のそれでありました。一九六〇年の池田内閣の「所得倍増論」にはじまる現代日本社会は、ひたすら高度経済成長路線を走ってきました。そこでは、経済価値が絶対です。日本人は人間であることをやめて、ただただ金儲けだけを考えるアニマル（畜生）になってしまったのです。

「そんなの、おかしいですよ」

と言えば、まるで「この国賊め！」といった目つきで睨まれてしまいます。実際、わたしも経営評論家と対談していて、金儲け主義一辺倒の日本の企業のあり方を批判したら、

「おまえのような青二才に、何がわかるか⁉」

と罵倒されたことがあります。社会が持っている価値観を批判し、それに楯突くと、そういう目に遭うのです。

しかし、わたしは平気です。

なぜなら、わたしには、いまは仏教があるからです。

いま、わたしは、金儲け主義一辺倒になってしまった現代日本社会のあり方を、「まちがっている！」と怖《お》めず臆《おく》せず言うことができます。それは、わたしが仏教を後ろ楯にできるからです。

だが、現在の若者たちは気の毒です。

彼らには、マルクス主義はありません。マルクス主義は、とっくの昔に権威を失ってしまいました。

誰もがその人を権威と認める、そんな大思想家もいません。インドのネールだとか、中国の毛沢東といったビッグな政治家もいません。

若者たちをバック・アップしてくれるものは、何もないのです。

それで彼らは、現代社会に押し潰されています。「金・かね・カネ」しか言わない、経済価値だけが絶対の、まさに吐き気のする、怪物のような現代日本社会が、若者たちを圧迫しているのです。にもかかわらずおとなたちは、経済価値だけを絶対とした物差しでもって測り、若者たちを非難します。怪物のような現代社会が彼らに「贅沢」を教えこみ、彼らをエコノミック・アニマルに変身させたのですが、彼らがエコノミック・アニマルに変身するや否や、おとなたちは自分のことは棚上げにして、彼らを非難するのです。

若者たちはかわいそうです。

彼らは、経済価値以外の何ものも教えてくれなかったおとなたちを――おとなたちは、自分が知らないのだから教えられっこありませんがね――呪っています。呪って、呻き声を発しています。

でも、誰もその呻き声を聴きません。日本のおとなたちには、その声は聞こえないのです。

若者たちは、どうすればいいのですか……？

若者に彼岸の価値観を教える

だから、いま、宗教が必要なのです。

仏教が現代社会を批判する力を持たねばなりません。

骨の髄までエコノミック・アニマルと化したおとなどもは、ほうっておいてもかまいません。

しかし、若者たちは救ってやらねばなりません。彼らに、人生には、経済価値以外の重要なものがあることを教えてやらねばなりません。

昔、ギリシアのソクラテスが、アテナイのアゴラ（広場）で、青年たちに、

「グノーティ・サウトン（汝自身を知れ！　真実の自己を発見せよ！）」

と呼びかけたように、誰かが日本の青年たちに、「金・かね・カネ」の経済価値ではない、もっと根源的な、

——真実の価値——

のあることを教えてやらねばなりません。

そして、その仕事は、仏教者の責務です。仏教を学ぶ者は、青年たちに「真実の価値」を教

える責務があります。

なぜなら、釈迦世尊がそれをされたからです。

場所は、とある町の郊外、林の中です。

釈迦が坐禅をしておられるところに、数人の若者がやって来て、

「尊者よ、ここに女が逃げてきませんでしたか?」

と尋ねます。釈迦は逆に若者たちに訊きます。「そなたらは、なぜ女を捜しているのか?」

と。

「じつは……」と、彼らは答えます。若者たち三十人が、妻を伴って郊外のこの地にピクニックに来ました。だが、なかに一人、独身の青年がいて、彼は妻の代りに遊女を連れて来ました。六十人の男女が森の中で遊んでいるとき、その遊女が宝石やお金を持って逃げたのです。それで、その逃げた遊女を捜しています……と、青年たちは説明しました。

そのとき、釈迦の口から意外な言葉が飛び出してきます。

「そなたたちは、女を捜すのと、自己自身を探すのと、どちらが大事と思うかね……?」

青年たちには、一瞬、その言葉の意味がわかりません。

ですが、しばらくして、彼らは異口同音に答えます。

「尊者よ、もちろん、それは自己自身であります」

「では、わたしが、どうすれば自己自身が見つけられるか、教えてあげよう……」

釈迦はそう言って、若者たちを相手に説法をはじめられました。

釈迦は青年たちに「仏教」を教えられたのです。

その「仏教」によって、三十人の若者が「自己自身」「真の自己」を発見できました。世俗の価値観しか知らない彼らが、釈迦によって彼岸の価値観を知ることができたのです。

だから、三十人は即刻、その場で釈迦の弟子となったと、仏典は伝えています。

釈迦がそうされたように、われわれ仏教を学ぶ者は、今の日本に生きる若者たちに彼岸の価値観を教えねばなりません。それが仏教者の義務であります。

仏教の解釈権は誰にあるか

そのために、われわれが心すべきことがあります。

それは、あたりまえのことですが、

——本物の仏教——

を教えねばならない、ということです。

しかし、これがあんがいにむずかしい。

なぜなら、何が本物の仏教か、人によって意見が分かれるからです。

もともと仏教には、

――八万四千の法門――

と言われているように、教え（法）に入る門が数多くあります。これは、釈迦がそれだけ数多くの教えを説かれたことに由来します。

というのは、釈迦の説法の特色は、

――対機説法・応病与薬――

であって、相手の性質や能力に応じて説法され、相手の悩み（病気）に応じて教え（薬）を与えられた。だから、たとえば怠けている者には「もっとまじめに修行しろ！」と説かれたし、逆にあまりにも極端に張り詰めている者に対しては、「もっとリラックスしなさい」と教えられました。とすると、釈迦の教えには、「怠けろ！」というのと「怠けてはいけない」の両方があることになります。そのうちのいずれを「仏教」とするか、むずかしい問題です。

要するに、八万四千の本物の仏教があるわけです。八万四千というのは誇張表現であって、実際にそんなに数多くの教えがあるわけではないでしょうが、まあ、ともかく多数の仏教があることにまちがいはありません。

で、何をもって本物の仏教としますか……？

これは、

――解釈権――

の問題です。わたしは、これが本物の仏教ですと主張します。わたしは、仏教をそのように解釈したのです。しかし、別の人は別の解釈をして、これこそが本物の仏教だと主張します。さらに別の人は、別の解釈を提示します。いずれの解釈が正しいのか、誰が決めますか？

シェイクスピアは『ヴェニスの商人』の中で、

《悪魔でも聖書を引くことができる、身勝手な目的にな》

といったせりふを言わせています。たしかに、誰でも聖書の言葉を引用できます。仏典の言葉を引用できます。そして、自分の言いたいことを言えます。キリスト教の聖書よりも仏教の経典・仏典のほうが厖大ですから、たいていのことは仏典から引用できます。そして、正反対のことをも仏典から引用できるでしょう。

そのうち、どの解釈が正しいのでしょうか？　いずれの解釈が悪魔のものですか……？　じつは、この解釈権の問題は、キリスト教のカトリック教会においては簡単です。

カトリック教会においては、解釈権は教皇（ローマ法王）にあります。いや、教皇だけに解釈権があるのです。

したがって、わたしの解釈と教皇の解釈が違っていれば、わたしの解釈が誤りで、教皇の解釈が正しいのです。

教皇によるこのような解釈権の独占が、カトリック教会をカトリック（普遍）たらしめているわけです。ここにカトリック教会の特色があります。

だが、プロテスタントの教会は違います。

プロテスタントというのは、カトリック教会における教皇の解釈権の独占にプロテスト（異議申し立て）して成立したものです。それ故、ここでは、信者の一人一人に聖書の解釈権がある、とされています。

だから、いろんな解釈があります。極端に言えば、信者の数だけ解釈があるわけです。

では、プロテスタントにおいて解釈が衝突すれば、どうしますか？

どうしようもありません。わたしはわたしの解釈で行きます、あなたはあなたの解釈で行けばいいでしょう。そうするよりほかありません。もっとも、そうするのがいいのですが、現実には、俺の解釈のほうが正しいんだ、おまえは俺の解釈に従え！と、力でもって相手を折伏《しゃくぶく》しようとする動きになることが多いのです。アメリカという国は、だいたいにおいてそんな動きをしますね。この点が、プロテスタントの困ったところなんです。

各人が解釈すべきもの

仏教の場合は、どちらかといえばプロテスタント的です。仏教においては、この人物の解釈が正しいんだとする、教皇のような存在はありません。

前回にも述べましたが、釈迦は、わたしたち個々人がそれぞれ解釈権を持つようにと、遺言されました。つまり、釈迦の遺誡である、

――「自灯明・法灯明」――

は、釈迦が教えられた法（真理）を、わたしたち一人一人がそれぞれの歩む道において解釈しなさい、ということだと思います。わたしたちが歩む道はみんな違っています。同じではありません。だとすれば、それぞれの人生を仏教的に生きるには、それぞれの人がそれぞれに考えて仏教を解釈せねばならないのです。

つまり、仏教においては、解釈権はわたしたち一人一人にあります。

たとえば、五戒を考えてみてください。

仏教には、出家・在家が共通して守るべき戒が五つあります。

1　不殺生戒……あらゆる生きもののいのちを奪わぬようにしよう。

2　不妄語戒……嘘をつかないようにしよう。

3　不偸盗戒……盗みをしないようにしよう。

4　不邪淫戒……淫らなセックスをしないようにしよう。

5　不《ふ》飲酒《おんじゅ》戒……酒を飲まないようにしよう。

しかし、この五戒は禁止ではありません。禁止だとすれば、誰一人この五戒は守れなくなります。

たとえば不殺生戒は、あらゆる生きもののいのちを奪わぬことですから、蠅や蚊も殺してはいけないのです。牛や豚、鶏、魚を殺して食うこともできません。いや、わたしは殺していない。殺されたあとの肉を買ってきたのだから……と弁解する人もおられるでしょうが、それじゃあ、他人に殺させていいのですか？　他人に殺させても、それを殺させたわたしに責任があるはずです。ここらあたりのところも、「解釈」の問題ですね。わたしは、他人に殺させて食うのも、自分が直接手を下して殺して食うのも、同じことだと思います。それがわたしの解釈です。

そうだとすれば、しかも五戒のすべてが禁止だとすれば、わたしたちは不殺生戒一つ守れません。それを守っていると、食事ができなくなります。

戒というものは、禁止ではないのです。戒はサンスクリット語で〝シーラ〟といいますが、これは「習慣性」の意味です。

したがって不殺生戒は、生きものを殺さない習慣を身につけよう、というものです。

そのような習慣が身につけば、もしもわたしたちが生きものを殺したとき、〈あっ、しまった、いけない〉〈申しわけないことをした〉〈すまない〉といった気持ちが生じます。その、

――懺悔――

仏教では〝さんげ〟と読みます。この懺悔によって、われわれは自己の不完全さを自覚することができます。人間は完全な存在ではない。みんな不完全な存在なんだ、と自覚したとき、わたしたちは他人を赦せるようになるのです。自分は完全である、あるいは完全を目指して努力している、と思っているかぎり、自分の失敗はやむを得ない失敗であり、過ちであると思ってしまいます。そして、他人の失敗を赦せなくなります。

の気持ちこそ、戒が目指しているものです。〝懺悔〟は、一般には〝ざんげ〟と読みますが、

戒というものは、自己の不完全さ、人間の不完全さを自覚するために制定されたものです。わたしはそう思っています。それがわたしの解釈です。

キリスト教においては、「他人を裁くな！」と教えられています。

《人を裁くな。あなたがたも裁かれないようにするためである》（「マタイによる福音書」7）

これは、イエスの言葉です。イエスによって、そのように命じられているのです。

しかし、仏教は、そのような命令型の宗教ではありません。

では、仏教においては、「他人を裁くな！」と命じられていないから、他人を裁いていいか、といえば、そうではないと思います。仏教においても、やはり他人を裁いてはいけない。他人を糾弾することは許されません。しかし、どうしてそう言えるのだと訊かれると、わたしは、

仏教における「戒」の精神がそうなんですと答えたいのです。他人もまた不完全な人間であることを認めるために、お釈迦さまは「戒」を制定されたのだと、わたしは解釈しています。「戒」をこのように解釈しますと、仏教においては戒は禁止ではありません。わたしたちは完全な人間ではないのだから、戒を破らざるを得ないのです。で、破りつつも守っていくところに戒の意味があります。

そうすると、戒の守り方は、それぞれに人によって大きく違います。ある人は、不殺生戒を守りやすいでしょう。しかし、別の人は不殺生戒は守りにくい。そのかわり、不飲酒戒は守れる人もいます。逆に、酒屋の家に生まれた人は、不飲酒戒は守りにくいでしょう。

では、わたしがどのように戒を守ればいいか、それは各人がそれぞれ自分の立場で考えるべきです。それが「自灯明」だとわたしは思います。

つまり、仏教の実践は、各自がそれぞれに解釈権を持つべきです。「法灯明」だけでは仏教は実践できません。わたしはそう考えています。

身勝手な目的を排す

そこで、問題は複雑になります。

解釈権が各人にあれば、いったい何が正しい仏教か、何がまちがった仏教かがわからなくなります。わたしからすればおかしな解釈ですが、しかしわたしは、そのおかしな解釈をしている人に向かって、「あなたはまちがっている！」と言えないのです。それぞれの人が解釈権を持っているかぎり、そうなります。

あるとき、わたしは中小企業の経営者から、「わたしは、うちの会社を仏教精神にもとづいて経営しています」と告げられました。

「ああ、そうですか。ところで、その仏教精神にもとづく経営とは、具体的にはどういうものですか？」

このわたしの質問に、思わぬ回答が返ってきたのには驚きました。

「まず第一に、ですね。わたしの会社には労働組合がありません」

このことは、聖徳太子の「和」の精神の実現である。これは仏教精神そのものではないか……?!　得々として語られる言葉に、わたしは啞然とせざるを得ませんでした。

それじゃあ、労働組合員は仏教者になれないのですか?!　わたしにすれば、そういう皮肉を言いたくなりますが、もしもそう言ったとしても、相手の社長さんは、「その通り。あんな戦闘的な労働組合員は、仏教者にはなれませんよ」と断言されるでしょう。その社長さんにすれば、労働組合というものは、まさに反社会的存在になっているのです。

そういえば、わたしの大学院生のころは一九六〇年の安保闘争の時代でしたが、大部分の仏教学者やお坊さんたちが、仏教の名のもとに、安保闘争に参加する市民や若者たちを罵倒しておられました。仏教精神をちゃんと理解すれば、人間はみんなおとなしくなり、安保反対のデモなんかに参加するわけがない、と、当時の仏教学者やお坊さんたちは信じておられたのです。いや、いまだって、そう信じておられる人は多いでしょう。

それから、仏教の名のもとに、親孝行を言われる人がいます。あるいは先祖供養を言われ、墓詣りをすすめられます。わたしは、親孝行や先祖供養、墓詣りが悪い、と言っているのではありません。そんなもの、やる必要がない、と主張しているのでもありません。けれども、仏教の名のもとに、それらをせよと言われるのはどうでしょうか……。もしもそうであれば、お釈迦さまはどうなりますか？　お釈迦さまは父や養母を棄てて出家されました。これは大の親不孝です。そして、インド人は墓をつくらないから、墓詣りなんてしません。そうすると、インド人は仏教者にはなれませんか?!

このように、わたしがおかしな解釈だと思うものはいっぱいあります。ですが、解釈権がそれぞれにあるのであれば、わたしはそれらを「まちがっている」とは言えないのです。それが困ったことです。

この点は、どう考えればいいのでしょうか……？

ヒントは、わたしは、シェイクスピアの言葉にあると思います。

《悪魔でも聖書を引くことができる、身勝手な目的にな》

この言葉を裏返しにすれば、身勝手な目的のために聖書を引用する奴は悪魔である——となります。

ということは、わたしたちは身勝手な目的のために仏教を解釈してはいけないのです。そんな解釈は悪魔的なんです。

身勝手な目的とは、経営者が自社の経営上の利益のために仏教を解釈することです。同様に、労働組合員が組合員の利益のために仏教を解釈するのは、身勝手な目的です。

ということは、此岸の問題の解決のために、仏教を使ってはいけないのです。

仏教は彼岸の原理を教えるものです。

此岸の問題には、利益の衝突があります。経営者の利益は労働者の不利益になる可能性があります。かりに、経営者の利益と労働者の利益が一致しても、それは日本という国においてのことであり、日本人の利益が外国人の不利益につながる可能性もあります。

高度経済成長時代、日本の労働者の勤勉が労働者みずからの利益となり、そして日本の企業の利益と一致した時期がありました。しかし、そのとき、アメリカなどから、日本は失業を輸出していると非難があったことを記憶しておられませんか。日本人の利益が、アメリカの労働者の失業につながることがあり得るのです。そうすると、日本人の利益のために仏教を都合よく解釈すれば、アメリカ人には不利益になります。まさか、お釈迦さまが日本の国益の代弁者だと思っておられる人はいませんよね。

ともあれ、仏教を此岸の都合のために、身勝手な目的に解釈してはいけません。それが結論になると思います。

仏教は、あくまで彼岸の原理を教えたものです。

そこでわたしは、そういう角度から、以下に仏教を解釈してみたいと思います。

つまり、仏教の本当の教えは何か、それを考察したいのです。わたしにそれがどこまでできるかわかりませんが、全力を尽くそうと思っています。

5　釈迦は人間ではない

―宇宙仏と分身仏―

聖書の難解さ

《初《はじ》めに言《ことば》があった。言《ことば》は神《かみ》と共《とも》にあった。言《ことば》は神《かみ》であった。この言《ことば》は、初《はじ》めに神《かみ》と共《とも》にあった。万物《ばんぶつ》は言《ことば》によって成《な》った。成《な》ったもので、言《ことば》によらずに成《な》ったものは何一《なにひと》つなかった。言《ことば》の内《うち》に命《いのち》があった。命《いのち》は人間《にんげん》を照《て》らす光《ひかり》であった。光《ひかり》は暗闇《くらやみ》の中《なか》で輝《かがや》いている。暗闇《くらやみ》は光《ひかり》を理《り》解《かい》しなかった》

これは、ご存じの方も多いと思いますが、キリスト教の『新約聖書』の「ヨハネによる福音書」の冒頭の言葉です。新共同訳によって引用しました。

よく、キリスト教の聖書は、ちゃんと現代語訳されていてわかりやすい。しかし、仏教の経典は漢文のままで、普通の人には読めない。これは仏教学者の怠慢である。そう言われる人がおいでになります。

たしかに、仏教経典に関してはその通りだと思います。

だが、キリスト教の聖書に関しては、現代語訳がなされているからわかりやすい、と、言えるでしょうか。今、わたしが引用した文章、読者におわかりになりますか……？

じつは、わたし自身、大学生のころに『新約聖書』を読んだのですが、ここの部分なんかまったく理解できませんでした。いや、理解できなかった、と言うのもおかしいのです。別段、それほどむずかしい文章ではありませんから、ざっと読んで、それで終りです。この文章が何を言っているのかわからない……ということすら、わからなかったのです。

だから、読者におわかりにならなくても、あたりまえなんです。

そこで、読者に、たとえ現代語訳されていても、キリスト教の聖書は難解だということをわかっていただくために、今引用した部分を別の翻訳でお目にかけます。二つをくらべてみると、何か気がつくことがあると思います。

《世の始《はじ》めに、すでに言葉《ロゴス》はおられた。言葉《ロゴス》は神《かみ》とともにおられた。言葉は神であった。この方《かた》は世の始めに神とともにおられた。一切《いっさい》のものはこの方《かた》によって出来た。出来たものでこの方《かた》によらずに出来たものは、ただの一つもない。この方《かた》は命《いのち》をもち、この命が人の光《ひかり》であった。この光はいつも暗闇《くらやみ》の中に輝《かがや》いている。しかし暗闇のこの世の人々は、これを理解《りかい》しなかっ

た》

この翻訳は、塚本虎二訳『新約聖書 福音書』（岩波文庫）によります。この訳者は、少し言葉を補って訳しています。

この塚本訳はおもしろいですね。新共同訳が、〝言《ことば》があった〟としているところを、〝言葉《ロゴス》はおられた〟と、人格的に扱っています。また、のちにこの〝言葉《ロゴス》〟を、〝この方《かた》〟としています。そうすると、この〝言葉《ロゴス》〟なるものが人格的存在であることがはっきりします。

じつをいえば、この「言《ことば》」あるいは「言葉《ロゴス》」といったものは、イエス・キリストその人をいいます。

つまり、イエスは人間ではなく、「言《ことば》」「言葉《ロゴス》」なんだ、というのが「ヨハネによる福音書」の思想なんです。

そういうことがわからないと、聖書は理解できないのです。現代語訳されているからわかる……といったものではありません。

日本人は、キリスト教の聖書は仏教の経典よりよくわかると思っていますが、それは誤解ですよ。わたしはそう思っています。

大乗仏教と小乗仏教の違い

ともあれ、イエス・キリストといった方は、人間ではありません。それは「言《ことば》」なんです。キリスト教ではそう考えられています。

イエスは「言《ことば》」であるとはどういうことか……? それを説明するとなれば、一冊の本を書いてもむずかしいでしょう。ここではこれ以上追究しないでおきます。わたしたちにとっての関心は、仏教であってキリスト教ではないのですから。

まあ、読者は、キリスト教においては、イエスは人間ではなかった――ということだけをしっかりと記憶しておいてください。イエスは「言《ことば》」であったのです。もっとわかりやすく言えば、イエスは、

――神の子――

でありました。神に等しい存在であって、われわれ人間とはまったく違った存在です。

そこで、次に釈迦です。

仏教において、釈迦とはどういう存在かといえば、釈迦もまた人間ではありません。もっとも、仏教には、

――大乗仏教と小乗仏教――

があります。そのうち、大乗仏教においては、釈迦は人間ではないと考えています。

この〝小乗仏教〟といった呼び名は、大乗仏教徒がつくった蔑称です。大乗仏教は、紀元前後のころにインドの地に興起した新しい仏教です。大乗仏教は、自分たちの仏教は、

――大きな乗り物――

であると主張しました。乗り物とは、われわれを煩悩の此岸から悟りの彼岸に渡してくれる「教え」の意味です。その乗り物が大きいということは、多くの人を彼岸に渡せる大きな船だというのです。したがって、勝れた乗り物（教え）です。

それに対して、それまでの仏教、既存の仏教は、小さな乗り物（教え）だというのです。もちろん、大乗仏教徒がそう呼んだのであって、彼ら自身はそう思っていません。彼らは、自分たちのほうこそ本物の仏教であると思っていました。しかし、わたしたち日本人にとっての仏教は大乗仏教ですから、わたしはここでは大乗仏教の立場に立って、彼らの仏教を〝小乗仏教〟と呼ぶことにします。〝小乗仏教〟といった言葉は蔑称だから使わないほうがいいと言われる学者もおられます。なるほど学者は、

――価値中立――

といった立場をとられます。どちらの教えにも与《くみ》しない。自分は中立である。そういう立場で研究するのが学者のやり方です。けれども、わたしは学者ではありません。わたしは、はっ

きり自分を大乗仏教の立場に置いています。だから、その立場から、小乗仏教を小乗仏教として、批判的に見ていきたいと考えています。

で、大乗仏教と小乗仏教では、釈迦という存在をどう見るかが、大きく違っています。

小乗仏教では、釈迦を基本的に、

――人間――

と見ています。

釈迦は今から二千六百年ほど昔、インドの土地に生まれ、二十九歳で出家し、六年間の修行ののち三十五歳のときにブッダガヤーの菩提樹の下で悟りを開いて仏陀となった。その仏陀の教えが「仏教」である。小乗仏教ではそう見ています。

それで、小乗仏教からすれば、われわれの大乗仏教が滑稽に見えるのですね。

たとえば、日本仏教では、四月八日にお釈迦さまの生誕を祝った花祭（仏誕会）の行事をします。これが、小乗仏教から見るとおかしいのです。なぜなら、小乗仏教では、釈迦が仏陀となるのは悟りを開いた三十五歳のときからです。したがって、生まれたばかりのお釈迦さまは仏陀ではありません。仏陀でない人間をおがむのはおかしい、というわけです。これは、釈迦という存在をどう見るか、その見方の差だからどうしようもありません。

釈迦を人間と見るな

ところで、今、日本人の釈迦の見方は、大乗仏教ではなしに小乗仏教的になっています。そのところに、日本の仏教の存立の危機があるのですが、お坊さんたちは気がついていないようです。

小乗仏教では、釈迦を「人間」と見ています。もちろん、ただの人ではありません。卓越した人物であり、スーパーマン（超人）的存在です。それはそうですが、それでも本質においては人間なんです。それが小乗仏教の見方です。

そして、現代日本人も、これと同じ見方をしていますね。中学生や高校生が学校で教わるとき、釈迦はインド人で、三十五歳で悟りを開いて仏陀となった、と教わります。つまり、小乗仏教の見方を教わっているのです。

それが困るのです。

この小乗仏教の見方だと、一歩まちがえると、仏教は一つの、

――イデオロギー（主義主張）――

になってしまいます。歴史的人物である大思想家＝釈迦の教えでしかないのです。

そうすると仏教は、たとえば古代ギリシアの哲学者のソクラテスの教えと類似のもの、ということになります。あるいは、古代中国の思想家の孔子の教え（儒教）、下ってはカール・マ

ルクスのマルクス主義、さらにはフランスの哲学者のサルトルの実存主義と横並びに並んでしまいます。

つまり仏教は、人間が考えだしたさまざまな思想の一つ――ということになるわけです。それじゃあ、困ります。それだと、仏教がいい教えであるか否かを、わたしたちが判定することになります。

その結果、現在の景気の落ち込みを仏教によって救うことはできないから、仏教なんか学んでも役に立たない、といった言葉も聞かれるようになります。政治の問題、経済の問題、教育の問題、医療の問題の解決に役に立つか、立たないかによって、仏教を学ぶ必要性が判定されるのです。

それでは、仏教は宗教でなくなってしまいます。哲学か思想になってしまいます。

日本の仏教は今まさにそうなっています。

日本の仏教は、宗教としては機能していません。

お坊さんが葬式をやっているから仏教は宗教だ、と言う人がいますが、葬式だとか先祖供養は、

――習俗――

なんですよ。それが証拠に、無宗教の中国にだってお葬式はあります。いや、日本でだって、

無宗教式のお葬式があります。日本の仏教は宗教ではありません。かといって、哲学、思想でもありません。お坊さんの誰が、哲学、思想を説いているでしょうか。

日本の仏教は、まさに惨憺たるありさまです。

そうなった原因は、小乗仏教的に、釈迦を人間として見てしまったことにあります。わたしはそう考えています。

釈迦は分身仏である

大乗仏教においては、釈迦は人間ではありません。

では、何でしょうか……？

結論を先に言えば、大乗仏教においては、釈迦は、

——分身仏——

なんです。キリスト教においてイエスが「神の子」であったように、大乗仏教においては釈迦は「分身仏」という仏であります。もっとも、この〝分身仏〟といった呼び名は、わたしの独自の表現であって、伝統的な仏教学の呼び名だと〝応身仏〟になります。

まあ、そのように釈迦の説明をはじめる前に、わたしたちはここで大乗仏教の、

——仏陀観——

を考察しておくべきでしょう。大乗仏教において「仏陀」あるいは「仏」がどう考えられているか、その解説をしましょう。なお、〝仏〟は〝仏陀〟の省略形で、〝仏〟と〝仏陀〟は同じものだと考えてください。

大乗仏教においては、「仏」は、

——宇宙そのもの——

であります。小乗仏教においては、「仏」は宇宙の真理を悟った人をいい、それで釈迦が仏になるのですが、大乗仏教では仏は宇宙そのもの、あるいは宇宙の真理そのものであります（ある意味では、これを「宇宙のいのち」と呼んだほうがいいのですが、いまは「宇宙の真理」にしておきます）。

したがって、われわれは、これを、

——宇宙仏——

と呼びましょう。ただし、この〝宇宙仏〟もまたわたしの命名です。伝統的な呼び名だと〝法身仏〟です。

宇宙というものは、時間と空間を超越したものです。時間の上では永遠、空間的には無限であるのが宇宙です。したがって、人間にはこの宇宙は認識できません。わたしたちは夜の星空を見て宇宙を見ている気になっていますが、わたしたちが見ているのは宇宙のごくごく一部です。それはとても宇宙と呼べるようなものではありません。

だから、宇宙仏は「姿なき仏」であります。わたしたちには見えない存在です。

まあ、宇宙仏は、キリスト教でいう神のようなものです。

キリスト教の神は、宇宙の創造者ですから、宇宙よりも一次元高い存在ですね。しかし、仏教の仏は宇宙の創造者ではありません。その点では少し違っていますが、だいたいは同じだと思っていいでしょう。

で、キリスト教においては、この神のメッセージ（言葉）を持ってイエス・キリストがこの世に来臨されたのです。その意味で、イエスは「言葉」なんです。

もちろん、これはキリスト教徒の見方です。ユダヤ教徒はそんな見方をしません。ユダヤ教徒にとっては、イエスは人間であり、とんでもないことをやってくれた人間です。だから、ユダヤ教徒はイエスを捕らえて、十字架にかけて死刑にしました。それに対して、キリスト教徒はイエスを神の子と見ています。いや、逆ですね。イエスを神の子と見た人がキリスト教徒なのです。イエスを神の子と認め、その「言葉」を信じて従った人々がキリスト教徒であるのです。イエスを人間と見たのでは、キリスト教は成立しません。

仏教、というより大乗仏教ですが、大乗仏教においては、釈迦は宇宙仏の分身仏です。釈迦は宇宙の真理をわれわれに教えるべく、宇宙仏の分身としてこの世に顕現されました。

もちろん、これは大乗仏教の見方です。

小乗仏教においては、釈迦は人間です。人間が修行して宇宙の真理を発見し、その発見した真理をわれわれに教えてくれた――と、小乗仏教では見ています。また、現代日本人の大多数の人々はそう見ています。でも、それじゃあ、大乗仏教にならないのです。

大乗仏教においては、釈迦は宇宙からこの世に顕現した分身仏です。そのように見るべきです。いや、これも逆ですね。釈迦を分身仏と信じた人が、大乗仏教徒なのです。大乗仏教は、釈迦を分身仏と信じることにはじまる仏教であります。

宇宙仏の名は毘盧舎那仏

仏陀、仏は、また、

――如来《にょらい》――

とも言います。仏も如来も、まったく同義に使われる言葉です。

しかし、語源はいささか違っています。

〝仏陀〟はサンスクリット語の〝ブッダ〟の音訳語です。そして〝ブッダ〟は、「目覚めた人」の意です。もちろん、真理に目覚めた人です。その〝仏陀〟を略したのが〝仏〟です。

〝如来〟はサンスクリット語の〝タターガタ〟の意訳語です。これは、〝タター〟+〝アーガタ〟

です。そして〝タター〟は「真如」「真理」であり、〝アーガタ〟は「来た」という意味。「真如から来た者」といった意味で「如来」と訳されます。

こう並べて見ると、言葉のニュアンスの上からは、

〝仏陀（仏）〟のほうが小乗仏教的で、

〝如来〟のほうが大乗仏教的、

ですね。しかし、日本仏教では〝仏陀（仏）〟と〝如来〟は区別なしで使われていますから、わたしたちも区別しないでおきます。ただし、大乗仏教においては、基本的に、「仏陀（仏）」も「如来」も、真如（真理）の世界からわたしたちの世界に来現された存在だと見ている、ということだけは忘れないでください。

釈迦仏・釈迦如来は、本来は人間であって、その人が修行して宇宙の真如（真理）を発見したのではありません。そう見るならば、大乗仏教は成立しないのです。

かくて、大乗仏教において釈迦如来は、宇宙仏の分身仏としてこの世に来現・顕現された如来であります。

伝統的な仏教学の術語によるなら、宇宙仏を法身仏、分身仏を応身仏と言うことは、すでに述べました。

したがって、釈迦如来は分身仏（応身仏）です。

では、宇宙仏(法身仏)とは誰でしょうか……?　それは、

——毘盧舎那仏《びるしゃなぶつ》——

です。この〝毘盧舎那仏〟は〝毘盧遮那仏〟と表記されることもあります。前者は大乗仏教の場合で、後者は密教の場合だと思っておいてください。いまは大乗仏教の仏陀観を述べていますので、〝毘盧舎那仏〟にしておきます。

読者は、毘盧舎那仏という仏をご存じですか?

「知らない」と言われる人が多いと思いますが、奈良の東大寺の大仏がこの毘盧舎那仏です。毘盧舎那仏は宇宙仏ですから、ものすごく大きな仏です。いや、空間を超越した仏です。それで、宇宙仏であることをわからせるために、あのように大きな仏像を造ったわけです。

この毘盧舎那仏は、ご自分では説法されません。毘盧舎那仏は宇宙仏だから、時間、空間を超越しています。ということは、時間、空間の中には存在していません。したがって、姿なき存在です。それ故、説法したくてもできないのです。

ですから、この宇宙仏は百千億の分身仏をつくって、ご自分の毛穴から放出し、百千億の世界に送り込みます。そして、その分身仏に説法させるのです。

〝毘盧舎那〟といった名前は、原語のサンスクリット語では〝ヴァイローチャナ〟といい、輝く太陽を意味します。ちょうど太陽が宇宙の中心にあって四方八方に光を放つように、毘盧舎

那仏は自分の毛穴から百千億の仏を放出するのです。

その百千億の分身仏の一仏が、われわれの世界に来現された釈迦如来であります。

釈迦如来の絶対の教え

そして、その釈迦如来の教えが仏教です。

だから、釈迦ははじめから仏なのです。人間が修行して仏になったのではありません。大乗仏教ではそう考えます。

だからこそ。

釈迦の教えは宇宙の真理であります。

釈迦の教え、つまり仏教は、イデオロギーではありません。イデオロギーというのは、歴史的、社会的立場を反映した思想の体系です。たとえばマルクス主義のように、ある時期、ある地域において、それが正しいとされます。でも、やがていつかは、それが否定されます。

儒教は一つのイデオロギーですね。古代の中国においては、それが正しいとされました。国教の地位にありましたが、文化大革命の時期の中国においては、儒教は徹底的に排斥されました。

日本においても、江戸時代から昭和の敗戦にいたるまでのあいだ、儒教（もっとも、多分に日本化され、歪められた儒教ですが）は正統イデオロギーでありました。しかし、敗戦後は、儒教は古いイデオロギーとして否定され、追放されました。それが最近、再び儒教は注目されています。

イデオロギーというものは、そういうものです。

仏教は、そのようなイデオロギーではありません。

釈迦は宇宙仏の分身仏であって、この世に来現してわたしたちに宇宙の真理、永遠の真理を教えてくれたのです。

だから仏教は、永遠の真理です。時間と空間を超越した絶対の真理です。

もっとも、これは、仏教者にしてはじめて言えることです。

仏教者でない人、すなわち釈迦を分身仏と見ていない人にとっては、釈迦は人間でしかありませんから、その人間＝釈迦の教えである仏教も一つのイデオロギーでしかありません。そうすると、仏教の有効性が問われることになります。仏教は経営に役立つからいい教えである、経営に役立たないから学ぶ必要のない教えである、といった評価がなされます。イデオロギーであれば、そうなってあたりまえです。

だが、仏教者にとっては、すなわち釈迦を分身仏と信じている人にとっては、仏教は永遠の真理であり、絶対の真理です。もしも仏教の教えるところが現実にそぐわないのであれば、それは現実がまちがっているのです。

たとえば、市販の物差しでわが家の庭の広さを測って面積を出します。その面積と、メートル原器で測った面積とが一致しない場合は、市販の物差しで測った面積のほうがまちがっているのです。日本人全員が使っている市販の物差しであったとしても、それがまちがいです。メートル原器のほうが正しい。仏教はそのメートル原器に相当します。

昔、気象庁でこんな話が語られていました。

ある予報官が、翌日は快晴の予報を出して、宿直室に行って仮眠をとりました。

だが、翌朝、彼が起き出して外を眺めると、土砂降りの雨です。見事に彼の予報は外れました。

すると彼は、机の抽出しから昨日の天気図を取り出し、じっとそれを眺め、また窓の外の雨を眺めつつ、こう呟きました。

「この天気図によると、絶対に雨は降らない。したがって、降っている雨がまちがっているんだ！」

この話は、もちろんジョークです。

気象庁の予報官であれば、降っている雨が絶対であって、天気図のほうがまちがいです。現実を予報するのですから、現実が絶対とされるのはあたりまえです。だから、これが笑い話になります。

ところが、仏教においては逆です。

仏教においては、現実と仏教の教えが違っていれば、仏教の教えが絶対で、現実がまちがっているのです。

たとえば、現実の社会には競争があります。しかし、仏教の教えは、「競争するな！」です。わたしはそう解釈しています。そしてこの場合、「競争するな！」の教えのほうが正しいのです。

現実社会においては、競争しないで生きることは不可能かもしれません。どうしても競争は必要かもしれません。しかし、そうだとしても、その現実のほうがまちがっているのです。あくまでも仏教の教えが絶対です。

なぜなら、仏教の教えは宇宙の真理、絶対の真理だからです。わたしたちが釈迦如来の教えを宇宙の真理、絶対の真理と信じるところから、仏教ははじまります。

仏教とは、そういうものなのです。

ところが、日本の仏教学者は、このことを知りません。もちろん、知っている人もいますが、大多数の仏教学者は「人間＝釈迦」だと思っています。釈迦は歴史上の人物だと考えているのです。「人間釈尊」なんていう本を書く学者もいるほどです。

これでは、仏教が一つのイデオロギーになってしまいます。そうすると、時流にマッチしたイデオロギーのほうが羽振りがよくなり、仏教は浮世離れのした教え、世捨人《よすてびと》の趣味のようなものになってしまうのです。その結果、日本仏教は葬式仏教になりました。

仏教の栄光のために、わたしは残念でなりません。わたしたちは、釈迦如来が宇宙仏の分身仏であるところから出発しようではありませんか。そして、仏教の栄光を恢復《かいふく》しましょう。それがわたしの願いです。

6　宗教の恐ろしさ
―仏教原理主義のすすめ―

宗教の恐ろしさ

宗教というものはこわいものです。

ところが、宗教音痴の日本人は、その宗教のこわさをよく認識していません。宗教というものに、甘い幻想をもっています。宗教というものが、なんとなくいいものだと思っています。一九九五年のオウム真理教事件が起きたとき、この忌まわしい事件にもたった一つだけいいことがある、とわたしは思いました。それは、この事件によって日本人が、

――宗教のこわさ――

をよくよく認識するだろう、ということでした。でも、宗教音痴の日本人は駄目ですねえ。喉元《のどもと》過ぎれば熱さを忘れるで、日本人は宗教の恐ろしさをさっさと忘れてしまいました。

宗教は恐ろしい。なぜなら、宗教の本質は、

――狂信――

だからです。「狂」というのは、世間一般から見ての話です。世間が信じている、あるいは世間が前提としている価値観・価値体系とは違ったものを信じているのが宗教信者です。世間の価値観を基準にすれば、宗教信者は「狂った」ものを信じていることになる。しかし、忘れてもらっては困るのは、世間のほうが狂っている可能性もあるということです。

現代日本の社会は、わたしに言わせると狂っています。現代日本人は経済価値ばかりを信じている。これは狂っているとしか思えません。でも、狂った社会からすれば、まともな宗教信者が狂信者になってしまいます。そういうおかしさがありますが、ともかく宗教の本質は「狂信」です。社会の側からすれば、これほど恐ろしい集団はありません。

オウム真理教の信者がサリンを撒いて人殺しをします。わたしたちからすれば、なぜそんなことをするのか?!　そんなことをして、一銭の得にもならないのに……と考えます。それは、われわれ日本人の物差しが「損得の物差し」だからです。人間は損得の原理だけで行動する――と思っているから、別な行動原理をもつ人間は狂っているとしか思えません。

でも、逆に、オウム真理教のほうからすれば、そういう「損得の物差し」でしか判断できない、エコノミック・アニマルの日本人が狂っているのです。だから、彼らはいまの日本社会を

平気で壊そうとします。

それは、革命家も同じです。現代資本主義社会が狂っていると信じるから、革命家たちは社会を壊そうとします。

ところで、オウム真理教事件を論評した学者たちが犯した誤りは、ごく少数の例外はありますが、あの宗教集団を「狂気」の集団としたのはいいが、逆に現代日本の社会を「狂っていない」としたことです。つまり、宗教集団も狂っていれば、世間も狂っているのです。両方ともが狂っているのに、それを言えば、おまえはオウムの味方か、と捩《ね》じ込まれそうなので（あるいは、世間もまた狂っているというところに気づくだけの批判精神の欠如のほうが大きいでしょう）、世間を肯定し、その世間の立場に立ってオウム真理教を「狂気」の集団と攻撃していました。ああいう学者は、まったく宗教がわかっていないのです。

二種類の宗教

ともあれ、宗教の本質は「狂信」です。

ただし、宗教にも二種類があります。

——彼岸宗教と此岸宗教——

わたしはそう命名しておきます。

彼岸宗教とは彼岸原理に立つ宗教で、この世の価値観を否定します。
仏教もキリスト教も、本来はこの彼岸宗教です。
その点に関しては、イエスが次のように言っています。
《わたしが来たのは地上に平和をもたらすためだ、と思ってはならない。平和ではなく、剣をもたらすために来たのだ。わたしは敵対させるために来たからである》（『新約聖書』「マタイによる福音書」10）

この世のことなんてどうだっていい、いや、この世を破壊するのがわたしの目的だと言っているのだから、イエスの立脚点はこの世（此岸）ではなく彼岸です。明らかにキリスト教は彼岸宗教です。

仏教もまた彼岸宗教です。釈迦は世俗（此岸）を捨てて出家しました。仏教の特色は、その出世間主義にあります。

それに対して、この世の価値観に立脚しているのが此岸宗教です。神道などは典型的な此岸宗教です。儒教もそうです。孝だとか忠だとか、すべてはこの世の秩序・価値体系です。それに従順なのが此岸宗教の特色です。

ですから、此岸宗教は習俗に近くなります。それと、道徳的になります。此岸宗教は彼岸原理をもちませんから、世間の価値観に立脚します。そうすると、どうしても道徳的になります。

ところで、本来は彼岸宗教であったものが、批判精神（世間を否定する精神）を失って此岸宗教に堕落する場合があります。現代日本の仏教が明らかにそうで、現今の仏教は葬式といった習俗を中心とした此岸宗教です。

なぜ日本仏教は堕落したのか？　〝堕落〟といったことばを使いますと、おまえは此岸宗教は駄目で、彼岸宗教がいいというのか⁈　そういうおまえの価値判断はおかしい、と、宗教学者に嚙みつかれそうです。宗教学者は、いや宗教学者にかぎらず学者は一般に「価値中立」といった態度をとります。彼岸宗教と此岸宗教があれば、その優劣を論じないで、二つを同等に扱うのが学問的態度です。

けれども、わたしは学者ではありません。わたしは大乗仏教の立場に立って、仏教の復興を考えている人間です。

だからわたしは、此岸宗教は劣った宗教で、ある意味では宗教とすらいえないと信じています。狂信しています、そういう表現がおのぞみなら……。それ故、わたしは、日本仏教の此岸宗教への堕落を嘆いているのです。

なぜ日本仏教は堕落したか？　それは江戸時代の檀家制度に淵源があります。

江戸幕府はキリシタンを禁圧し、キリシタンを摘発するために民衆の全員を仏教の信者にし、寺に所属させました。そうすると寺は、民衆を監視する役目を帯びます。権力側について発言し、権力の一機関となった。それが江戸時代の仏教で、しかも寺の経済的基盤は檀家制度によって安定していますから、仏教は民衆に教えを説くこともしなくなりました。ただ葬式と法事ばかりを熱心にやるのです。

明らかに仏教の堕落です。仏教は彼岸宗教であって、彼岸宗教であるかぎり彼岸原理に立ってこの世を批判し、体制を否定せねばなりません。そうした批判精神を失えば、たちまち仏教は堕落します。その堕落した姿が、現在の日本の仏教です、残念なことに……。

仏教は狂っていない

ともあれ、仏教は彼岸宗教です。彼岸宗教でなければなりません。

仏教が彼岸宗教であるとき、わたしたち仏教者は、

――この世のことなど、どうだっていい――

と言うべきです。それが言えて、はじめてわたしたちは仏教者になれるのです。

でも、これを言うには勇気がいります。

これを言うには、世間から一歩離れていないと駄目です。つまり、「出世間」です。「出家」です。夫や妻や子をもたないという出家である必要はありませんが、精神的出家をしていないといけないのです。

その意味では、職業をもったお坊さんは駄目ですね。もちろん、全員が駄目というのではありませんが、たとえば学校の先生をしていますと、学校という立場でものを考えてしまいます。そうすると、学校が子どもたちをいじめていることに気がつかない。学校を批判し、学校教育を否定する発言ができなくなります。

わたしは、ときどき、国立大学の仏教学者が書かれたものを読んで、失望します。仏教学者であれば彼岸原理に立って発言すべきなのに、世間の価値観にもとづいて発言をしておられるからです。やはり政府委員などをすると、政府の都合に合わせた発言になるのですね。もちろん、そうではない人も、ごく少数はおいでになります。

それはそうとして、わたしたちが勇気を出して、「世間のことなど、俺の知ったことか?!」と発言したとします。心の底からそう信じて、そう発言するのです。すると世間は、あなたを猛烈に攻撃するでしょう。

だが、それでいいのです。それがいいのです。

なぜなら、世間が狂っているとき、狂っている世間はまともな人間を狂っていると言います。ですから、世間から狂っていると評されることは、むしろ名誉なことです。

問題は、世間も狂っていれば、宗教も狂っている場合です。

つまり、わたしたちは、世間のことなど知るものかと、自分は宗教の教えに忠実に行動したとします。それはそれでいいのです。釈迦はいつもそう行動されました。たとえば、世間では極悪人と烙印を押されているアングリマーラを（彼は九十九人の男女を無差別に殺しました）、釈迦は自分の弟子にされ、国王からの犯人引き渡し命令を拒んでおられます。国家の立場からすれば、九十九人もの人間を無差別に殺した犯人になんらかの処罰をするのは当然です。それをしないと、世の秩序は成り立ちません。だが、釈迦は、そんなことわたしは知らん、と言われたのです。釈迦には、この世の秩序・道徳など、どうでもいいのです。

わたしたちは仏教者であれば、この釈迦と同じく世間のことなど考えなくていいのです。世間のことを考えるのは、その役目の人間がいます。政治家だとか高級官僚です。そういう人たちは給料を貰っているのだから、その人たちには世間のことを考える責任と義務があります。

わたしたちは、世間のことは放っておいて、仏教の教えに忠実であればいいのです。たとえば、仏教は「少欲知足」を説いています。しかし、「少欲」なんて言っていると、子どもたちはちっともやる気を起こさない、消費が抑制されて景気回復にならない、世の中の進歩発展がとまってしまう。そう言う人がいます。でも、それは、世の中のほうが狂っているのです。そんなことは、わたしたちは気にしなくていい。景気回復を望む狂った人間、狂った政治家や財界人、学者がやればいいのです。わたしたち仏教者は、なにも狂った人々の仲間入りをする必要はありません。

けれども、問題は、仏教が狂っているか、いないかです。

仏教から見て世間が狂っており、その狂った世間が仏教を狂っていると言う。そこまではいいのですが、その場合、仏教も世間も両方ともが狂っている可能性があります。そのことをどう考えればよいか……?

だが、それは心配いりません。

なぜなら、仏教は宇宙仏の教えです。

この宇宙全体が仏であり、その仏を宇宙仏と呼びます。その宇宙仏のメッセージをわれわれに伝えるために、わざわざ方便としての肉体を持ってこの地上に来現されたのが、分身仏としての釈迦仏です(このことは前章に論じました)。

したがって、釈迦仏の教えは宇宙の教えであり、宇宙の真理です。時間と空間を超越した、永遠・普遍の真理です。

それ故、仏教が狂っているはずはありません。

仏教はいわばメートル原器であって、それに照らして世間が狂っているか、正常かが判断されます。

わたしたちは安心していいのですよ。

仏教の絶対原理

しかし、ですね。問題はまだあります。

わたしは先ほど、現今の日本の仏教は堕落している、と言いました。葬式仏教になっていると。

堕落した——ということは、狂っているわけです。狂っていないはずの仏教が狂っては困りますね。

これを、どう考えればよいのでしょうか？

宇宙仏の教えとしての仏教は永遠・普遍の真理ですが、それが現実に存在するとき、時代と地域に応じて解釈されます。つまり、釈迦の時代のインドの仏教、唐の時代の中国の仏教、江戸時代の日本の仏教、現代日本の仏教、といったように、解釈された仏教になります。

この解釈された仏教が、狂っている可能性があるのです。

あまりにも時代と社会を意識して解釈したが故に、時代と社会に迎合した解釈がなされ、その結果おかしな仏教になってしまった。そういうことがあります。

現代日本の仏教は、まさにそのおかしな仏教です。

では、われわれはどうすればよいのでしょうか……？

それには、メートル原器に当たる仏教、宇宙仏の教えである仏教をしっかりと確立することです。

つまり、わたしが言っているのは、一種の、

——仏教原理主義——

です。これこそが時間と空間を超越した、永遠・普遍の仏教の教えだ——という絶対原理を確立せねばなりません。

それが確立されたとき、その仏教の絶対原理に照らして、いまの仏教が堕落していると批判し、現在の日本の世の中が狂っていると断定できるのです。

したがって、そのような仏教の絶対原理を確立する仕事が、目下のわたしたちの急務であります。わたしはその仕事をしたいと考えています。

その仕事は多岐にわたるはずです。さまざまなことが問われねばなりません。

しかし、まず最初に、わたしたちは、

——人間とは何か?——

を問いかけることにしましょう。仏教では人間をどう見ているのか? それがすべての問題の基本だと思うからです。

ました。

「期待される人間像」と仏教者の発言

仏教的人間観――ということでは、昔、わたしが〈おかしいなあ……〉と思ったことがありました。

記録を調べてみると、昭和四十年（一九六五）一月です。中央教育審議会が、

――「期待される人間像」――

の中間草案を発表しました。このときの首相は佐藤栄作です。前年の十月に池田勇人首相ががんのため退陣し、佐藤内閣が成立したばかりです。私事で恐縮ですが、この一九六五年の三月まではわたしは大学院の博士課程に在籍し、四月に理科系の大学の哲学講師になりました。それで、わたしの記憶に残っているのですが、この中央教育審議会の「期待される人間像」に対して、当時の仏教学者たちは、

「こういう問題にこそ、われわれ仏教者が発言せねばならない」

といった発言をしておられました。わたしは苦々しい気持ちでした。

いったい「期待される人間」って、何なのでしょうか？　保守政党が政権党である当時の中央教育審議会のつくった「人間像」ですから、どうせそれは「保守政党が期待する人間像」であるにきまっています。したがってそれは、財界・産業界が「期待する」ものであります。いえ、財界や産業界が、俺たちはこういう人間が欲しいんだ、と期待してはいけないと言ってい

るのではありません。期待したっていいのです。けれども、それは財界・産業界の「期待」でしかありません。庶民は庶民で別の「期待」をしていいのです。

じつは、ここのところにも問題があります。権力側が期待するものとは違った人間を庶民が期待する。たとえば、戦争中であれば、国家（権力側）はお国のために喜んで死ぬ人間を期待します。それはあたりまえです。それに対して庶民は別な人間を期待していいのです。なにも権力側の期待通りになる必要はありません。たとえば、あの与謝野晶子は、雑誌『明星』の明治三十七年（一九〇四）九月号に、「君死にたまふことなかれ」の反戦詩を発表しました。これは同年の二月に始まった日露戦争に従軍した実弟の身を案じて詠まれたものです。

《あゝをとうとよ、君を泣く、
君死にたまふことなかれ、
末に生れし君なれば
親のなさけはまさりしも、
親は刃《やいば》をにぎらせて
人を殺せとをしへしや、
人を殺して死ねよとて
二十四までをそだてしや》

国家権力は「天皇陛下のために喜んで死ぬ」人間を期待しますが、それに対して庶民は「君死にたまふことなかれ」と言っていいのです。

だが、問題は、それを言う勇気です。力です。庶民が国家権力の意に反する発言をすれば、国家権力はそれを狂っているとして、弾圧します。現にこの詩が発表された『明星』の明治三十七年九月号は発売禁止になっています。当時の政府からすれば、反戦思想は狂っています。したがって、そういう処分になるのは当然でしょう。

では、庶民の側は、何を根拠に、「わたしたちは狂っていない。まともだ。狂っているのはそちらのほうだよ」と言えるのでしょうか……？　わたしは、それは彼岸原理だと思います。宗教なんです。明治の国家・大正の国家・昭和前期の国家（軍国主義）・昭和中期の国家（平和主義）・昭和後期の国家（産業主義）・平成の国家といった此岸の国家がもっている原理を超えた、永遠・普遍の彼岸原理にもとづいて、わたしたち庶民は「俺たちはこう思う・こう信ずる」と堂々と言ってのけることができるのです。

しかしながら、明治以後の日本には、そうした彼岸原理を説く宗教が脆弱《ぜいじゃく》でした。はっきり言って、なかったのです。だから、与謝野晶子のような勇気のある発言が、すぐに葬られてしまったのです。仏教者が与謝野晶子を擁護しないで、逆に非難、攻撃を加えました。その意味でも、庶民の勇気ある発言を葬ったのだから、日本仏教は「葬式仏教」であったわけです。

昭和四十年の中央教育審議会の「期待される人間像」に関して感じたのは、それと同じことでした。これは財界・産業界が「期待する人間」である。その尻馬に乗って、仏教学者に発言されてはたまらんなあ……。仏教学者が言うべきは、

「おまえらの期待は狂っとるぞ！　そんなふうに人間を歪めてはいかんのだ！」

ということです。本当に日本の仏教は駄目だなあ……と、わたしは暗澹たる気持ちでいました。

社会の期待する人間像を粉砕する

それから、「期待される人間像」なんてものがつくられると、すぐさま現実には期待されない人間が出て来ます。すなわち落ちこぼれが出来るのです。

いや、違います。別段、中央教育審議会が「期待される人間像」を発表しなくたって、現実には期待されない人間＝落ちこぼれはいるのです。なぜなら、世間はいつも期待される人間像をもっています。それが証拠に、企業が社員・従業員を雇うとき、ちゃんと期待される人間像に合った人を雇います。昭和四十年に中央教育審議会は「期待される人間像」を明文化しましたが、明文化されなくても世間が期待する人間像はあるのです。

そして、世間が期待する人間があれば、必ず期待されない人間＝落ちこぼれがいます。

つまり、落ちこぼれはいつの世にもいるのですよ。世の中は、いつの時代であっても、その社会の物差しをもっています。その物差しで測ると、その物差しにあわない人間が出て来ます。

これは「プロクルステスの寝台」ですね。

プロクルステスはギリシア神話に出てくる強盗です。彼は旅人を捕らえては自分のベッドに寝かせ、そのベッドの長さより身長の高い者は脚を切断したり、低い者は無理に引き伸ばして殺してしまいます。そのことから、〝プロクルステスの寝台〟は、事物の自分勝手な解釈や杓子定規をいう比喩として用いられています。

要するに世間は、自分たちの標準・物差しにあわない人間を「落ちこぼれ」にしてしまいます。だから、いつの世にも落ちこぼれはいます。

その落ちこぼれを救うことこそが、彼岸原理に立つ宗教の仕事ではないでしょうか。

昭和四十年に仏教学者たちが、「われわれ仏教学者がこのような〝期待される人間像〟について発言せねばならない」と発言をされたとき、わたしが考えたのは、とんでもない、権力側が「期待される人間像」をつくれば、仏教者はそこで生産される期待されない人間＝落ちこぼれの救済を考えるべきだ、ということでした。まったく逆方向の仕事が仏教者に課せられた仕事なのに、それがちっともわかっていない仏教学者に、わたしは失望していました。

ところで、問題はここにもあります。

落ちこぼれの救済の方法です。

その方法に二つありそうです。

一つは、現実に落ちこぼれた人間を救うことです。

たとえば、非行少年の面倒を見るとか、ホームレスの支援の活動をするとか。福祉事業であり、ボランティア活動です。

だが、わたしは、この方向での救済は、仏教はあまりやらないほうがいいと思います。なぜなら、たとえば登校拒否児の面倒を見ようとして、その少年がなんとか学校に行くように指導すれば、それは生徒は学校に行くべきだという社会通念＝期待される人間像に従って活動をしていることになるからです。つまり体制側について、体制に都合のいい人間をつくるお手伝いをしているのです。

だから、落ちこぼれの「善導」、困窮者への「慈善」といった形での救済は、あまりやらないほうがいいでしょう。そんなことをしていると、お坊さんが道徳取締官になる危険があります。

仏教者のなすべきことは、あらゆる社会がもっている、

――「期待される人間像」「理想の人間像」「模範的人間像」――

の欺瞞性・いかがわしさを暴き、それを粉砕してしまうことです。

もちろん、仏教が「期待される人間像」を粉砕するといっても、それは別の「期待される人間像」を提唱することではありません。体制側の「期待される人間像」に対して、反体制的な「期待される人間像」を対置しても、その反体制的なものも狂っている可能性があります。いや、可能性ではなしに、実際にそれは狂っているのです。そのことは、かつては多くの人々に信奉されたスターリン主義の人間像が、現在は通用しなくなったことでもわかります。

仏教が「期待される人間像」を粉砕できるのは、仏教がもっている、

——仏教原理主義にもとづいた、永遠・普遍の人間観——

にもとづいてであります。この仏教的人間観にもとづいて、世間の「期待される人間像」が狂っている！　と断言できるのです。われわれはそのことをしっかりと確認しておかねばなりません。

7　いのちはなぜ尊いか
―仏教の人間観・生命観―

怠ける権利

わたしが大学生・大学院生のころ、友人たちとよく、

「人生とは何か？」「人間は何のために生きているか？」

といった問題を論じました。そんな議論になると思わず熱中し、ときには深夜喫茶で夜明けまで語り明かしたことがあります。

で、当時のわたしの持論は、

――われわれは、生まれてきたついでに生きているんだ――

というものでした。人生に目的なんてない。われわれ人間は生まれてきて、そしてそのまま「ついでに」生きているのだ。まあ、一つには、ちょっと人の言わないようなことを言って、

友人たちを煙に巻いてやろうという魂胆から、そのような表現をしたのです。

しかし、それだけではありません。

当時のわたしは、権力のほうから、人間はかく生きるべし、かくのごとくあらねばならぬと押し付けてくるのが、たまらなくいやだったのです。おまえたちのいのちは天皇陛下のものだ。お国のために役立つ人間にならねばならぬ。そんなふうに言われて育ってきた戦前の教育に対する反撥がありました。さらに大学生のころは、人間は理想の社会の実現のために生きねばならぬとする左翼理論に共鳴はしながらも、そのスローガンの中に戦前の軍国主義と同じ、

――滅私奉公――


の臭いを嗅ぎとって、心の中では辟易《へきえき》していました。

そうですね、これはあとになって自分なりに整理できたのですが、日本人は右も左も変わりなく、

――労働は神聖だ――

と言いますね。道徳家は「働かざる者食うべからず」と主張し、禅のお坊さんは「一日作《な》さざれば一日食《くら》わず」といった、中国唐代の禅僧の百丈懐海《ひゃくじょうえかい》のことばを援用して説教されます。そうかと思えば、左翼の革命思想家が「労働英雄」について語り、労働神聖観を信奉しています。そんなことを、聞かされるたびに、わたしはなんとなく、

〈たまらんなあ……〉

といった暗澹《あんたん》たる気持ちになったものです。それで、ずっとのちに、

《もしも人間の価値がその仕事で決まるものならば、馬はどんな人間よりも価値があるはずだ。……馬はよく働くし、第一、文句を言わない》

といった、ロシアのプロレタリアートの作家のゴーリキーのことばを見つけたとき、鬼の首をとったかのようにうれしくなりました。

じつは、これはもっとあとになって知ったことですが、わたしの〈たまらんなあ……〉といった気持ちを、フランスの社会主義者のポール・ラファルグが代弁してくれています。彼はカール・マルクスの娘と結婚したのだから、彼にとってマルクスは義父になるのですが、マルクスがわれわれ労働者のために、

——働く権利——

を要求したのはまちがいであった、と言うんです。われわれ労働者が要求すべきであったものは、

——怠ける権利——

だ、というわけです。このラファルグの『怠ける権利』を読んだとき、わたしは、あらえっさっさと踊りだしたくなりました。

「諸法実相」は自由の教え

まあ、ともあれ、人間はかくあるべし、かく生きねばならぬといった主張は、右翼の道徳家先生のものにしても、左翼の革命理論家のものにしても、わたしにはうさん臭く思えてならない。そんな窮屈なこと、言わんといて……といった気持ちがあるもので、それでわたしは「ついでに生きている」といった説を考えだしました。

人間は生まれてきたついでに生きているのです。

別段、人生の目的、目標なんてありません。だから、目標に向かって猪突猛進する必要もなければ、脇道に逸《そ》れていけないわけでもないのです。気が向くままにぶらぶら、のんびり歩いていい。そして、ときには脇道に迷い込んでみるのも、おもしろい生き方です。

ともあれ、人生は「自由」です。自由というのは「自分に由《よ》る」のであって、他人のことをそれほど気にする必要はない。自分らしく生きればいいのです。

「ついでに生きているからこそ、たとえば道端で困っている人を見つけたら、その人の力になってあげられる。目標をたて、その目標に向かって脇目《わきめ》も振らずに歩むような生き方をしたら、他人との連帯なんてなくなってしまう。人生はついでに生きる。それがいちばんええんや」

わたしは友人に繰り返し繰り返し主張していました。でも、友人たちがわかってくれたか、たぶん、わからなかったでしょうね。

しかし、いまにして思えば、わたしは仏教を先取りしていたのです。

先取りしていたというのは、わたしが仏教を学びはじめたのは三十代の半ばになってからですが、仏教を学んでわかったのは、人生はかくあらねばならぬと考える、そんな窮屈な考え方にむしろ仏教は反対している、といったことです。

仏教は、人生をもっと自由にとらえているのです。その意味では、わたしの考えはそれほどまちがっていませんでした。人間はかくあらねばならぬと説く道徳家先生や左翼革命理論家などより、かつてのわたしのほうがよほど仏教的だったのです。

だって、仏教の基本的な教えは、

——諸法実相——

ですよね。「諸法実相」とは、すべての存在が真実であり、最高の価値をもっているという思想です。すでに述べたように、これは『法華経』が言っていることです。

すべてのものが最高だ、というのだから、まじめにやっている者も最高であれば、怠け者も最高です。働く人間も最高であれば、遊んで暮らす人間だって最高です。

こういう言い方をすれば叱られそうですが、要するに、

——なんだっていい——

のです。それが仏教の「諸法実相」です。

だとすれば、「かくあらねばならぬ」といった考え方とは両立しません。

仏教というものは、つまるところ「なんだっていい」「どう生きたっていい」と教えています。本質的に仏教は「自由」の教えなんです。わたしはそう思っています。そして、大学生のころのわたしがそれほどまちがったことを言っていなかったことに（当時のわたしは、友人たちからさんざんに〝皮肉屋〟〝逆説家〟〝非常識人〟とからかわれましたが）、ちょっとにんまりしています。

そうなんですよ、わたしたちは生まれてきたつ
いでに生きているのです。だから、自分でしっかりと考えて、あまり世間に拘束されずに、自由にのびのびと生きましょうよ。それがわたしからの提言です。

仏教の人間観

「諸法実相」という『法華経』のことばを、わたしのように「なんだっていい」と解釈すれば、きっとまじめな読者からお叱りを受けます。事実、わたしのところに、そういう投書が舞い込んできます。「なんだっていい」「どうだっていい」といった表現が刺激的すぎるのだと思います。

でも、わたしは、この表現を変えようとは思いません。「なんだっていい」という表現に腹を立てる人は、本当の仏教がわかっていないのです。かりに、「なんだっていい」を否定してみましょう。なんだっていいのではない、かくかくであらねばならぬ、とします。たとえば、人間はまじめに努力して、進歩向上せねばならない、ということにします。すると、どうなりますか……？　まじめに努力しない人間はよくない、となりますね。そうして、たとえばホームレスの人たちを非難、攻撃します。そこで、お聞きしますが、『法華経』の「諸法実相」は、まじめに努力する人間は実相であるが、ホームレスのような人たちは実相でない、と言うのですか？　わたしは、ホームレスの人たちもまた最高の価値だというのが「諸法実相」だと思いますね。

これは、どんな例でもいいのです。優等生も最高、落ちこぼれも最高。まじめな子も最高、登校拒否児も最高なんです。登校拒否児はよくない、学校に行くべきだ——と主張される人がいれば、その人には「諸法実相」がわかっていないのです。わたしはそう思います。

しかし、おまえの言うように、登校拒否児もそれで最高、働かない怠け者もそれで最高、となれば、この世の中でまじめにやっている者は損をする。いや、この世の秩序が成り立たない。この世は潰れてしまうではないか、と言われる人もおられます。実際、そういう人が多いのです。しかし、その人はこの世の秩序を重んじておられるのであって、別段、仏教の「諸法実相」を言っておられるわけではありません。この世の秩序が大事と思われる人は、それはそれでいいのです。わたしは、その人が悪いと言っているわけではありません。ただ、わたしの立場とその人の立場が違っているだけです。

わたしは仏教の立場に立っています。

わたしが言っているのは、

——仏教的人間観——

です。そして、それは「諸法実相」にもとづく人間観です。人間は、どんな人間でも最高の価値をもっています。優等生が最高で、劣等生が最低、そんな物差しではありません。世間の物差しは人間を差別するものですが、「諸法実相」の物差しは絶対に差別しません。すべてが最高です。だから、なんだっていいのです。

いのちはなぜ尊いか

では、なぜ「諸法実相」なんでしょうか……？

なぜ「諸法実相」が正しいか、といえば、それは『法華経』がそう述べているからです。そして、なぜ『法華経』の所説が正しいかといえば、『法華経』は宇宙仏の分身仏である釈迦仏が説かれた教えだからです。つまり、人間ではない宇宙仏が「諸法実相」と教えてくださった。

わたしたちはそれをただ信ずるだけです。

それが仏教者です。仏教者は宇宙仏の教えを信ずることから出発します。

そして『法華経』には、

――わたしたちはみんなほとけの子である――

といった思想が述べられています。

《今此三界　今、この三界は、
皆是我有　皆、これわが有なり。

其中衆生　その中の衆生は、
悉是吾子　悉《ことごと》くこれ吾が子なり》（「譬喩品」）

衆生というのは人間だけではありません。生きとし生けるものすべてが衆生です。その衆生のすべてが、「吾が子」すなわち仏子だというのです。それが『法華経』の教えです。

この「みんなほとけの子」といった認識が大事です。

わたしは、現代の日本において生命の尊重が叫ばれていることに、いささか危惧の念を抱いています。生命の尊重を訴えることは、もちろん悪いことではありません。しかし、問題は、なぜ生命を尊重しないといけないか、です。その「なぜ？」が正しく答えられていないと、おかしなことになってしまいます。

なぜ生命を尊重しないといけないのか？　そう問うなら、たいていの人は、変な質問をするな！　自明ではないか?!　生命よりも尊いものはなにもないのだ。生命が最上の価値だ！　と言われるでしょう。それが危険なのです。

いいですか、生命が最高の価値だとしますね。そうすると、わたしのいのちと他人のいのちとどちらが価値が大きいかとなると、誰だってわたしのいのちを大事に思います。ということは、他人のいのちの軽視につながるのです。

わたしは、現代日本社会における、結果的な生命の軽視は、ここのところに原因があると思うのです。現代日本においては生命の尊重が謳われていますが、それは表面だけのことで、結果的には生命は軽視されています。たとえば、人工妊娠中絶がそうですし、脳死もそうです。現代医学は簡単に植物人間をつくります。植物人間をつくるのは、人間をできるだけ長く生かそうとするからですが、それは人間を物体と見ているのです。人間を技術的に長時間生かしつづけることは、生命の尊重ではなしに生命の軽視です。本当に尊重すれば、死ぬべきときに死ねるようにせねばなりません。

ですが、現代日本人は此岸原理でもってしか人間を見ることができません。なぜ生命が尊いのか、その「なぜ？」が彼岸原理ですが、彼岸原理を欠いた生命の尊重は、結局は生命の軽視になるのです。自分の生命を守るためには、平気で他人の生命を奪ったり、苦しめたりします。

ある人の生命のために、まだ生きている人を死んだことにして、その人の心臓を剔出《てきしゅつ》して平気です。それが生命尊重でしょうか……？

なぜ、いのちが尊いのか？　その「なぜ？」は、わたしたち仏教者にとっては簡単です。それは、ほとけさまのいのちだからです。

わたしたちのいのちは、人間のいのちばかりではなく、あらゆる生きもののいのちが、ほとけさまのいのちです。わたしたちはほとけのいのちを預かっているのです。

だから、いのちが尊いのです。

そして、わたしのいのちと他人のいのちが平等に尊いのです。なぜなら、わたしはわたしのいのちをほとけさまから預かっており、佐藤さんは佐藤さんのいのちをほとけさまから預かっており、宇佐美さんは宇佐美さんのいのちをほとけさまから預かっておられます。わたしのいのちも、佐藤さんのいのちも、宇佐美さんのいのちも、みんなほとけさまのいのちです。だから、同じく尊いのです。わたしがわたしのいのちを大事にして、他人のいのちを軽視するなら、ほとけさまに叱られるでしょう。叱られなくても、ほとけさまは悲しまれるでしょう。だから、他人のいのちを奪ったり、傷つけたり、苦しめてはいけないのです。

これが彼岸原理です。このような彼岸原理を欠いた生命尊重のスローガンは危険です。此岸原理にのみ立脚した生命尊重は、必ずや他人の生命の軽視になり、物体的な生命観につながると思います。

まんだらとしてのいのち

さて、いのちはほとけさまのものです。わたしたちは、それぞれのいのちをほとけさまから預かっているのです。わたしたち仏教者は、ここから出発します。

ところで、いのちにはさまざまな、

――かたち――

があります。ほとけのいのちが人間のかたちをとったり、魚のかたち、蛙のかたち、さまざまなかたちをとるのです。

このことを、仏教の言葉では、

――変（パリナーマ）――

といいます。ほとけのいのちがいろいろに「変」ずるのです。そして、これはまた別の言葉では、

――まんだら（曼荼羅あるいは曼陀羅）――

ともいいます。この〝まんだら〟といった言葉は、サンスクリット語の〝マンダラ〟を音写した語ですから、わたしは漢字表記ではなしにひらがな表記にしています。意味は「本質をも

ったもの」であって、その本質はほとけのいのちですから、ほとけのいのちをもったものはすべてまんだらです。

ともあれ、われわれ衆生の本質はほとけのいのちですが、その本質が「変」じてさまざまなかたちになります。あるものは人間になり、あるものは牛や馬になり、あるものは植物になります。

その人間にも、またいろいろなかたちがあります。男のかたち、女のかたち、優等生、劣等生、美人と不美人、貴族と庶民、金持ちと貧乏人、と。そのかたちは千差万別ですが、しかし本質はほとけのいのちです。

だから、「諸法実相」なんです。諸法は「変」です。ほとけのいのちが現実にさまざまなかたちをとったときが諸法なんです。かたちはさまざまですが、その本質はすべてほとけのいのちだから、すべてが真実であり最高の価値をもっています。それを言ったのが「諸法実相」です。

では、なぜ、ほとけのいのちがさまざまなかたちをとるのでしょうか……?

じつは仏教は、そこのところに、

――縁――

という考え方を導入しています。いささか話がややこしくなりますが、がまんして聞いてください。

たまたま「縁」によって変わる

「縁」というのは、別の表現をすれば、

――相互依存関係――

です。たとえば、「長い」ものは、実体的に長いものではありません。「短い」ものに対して「長い」のであって、その「長い」ものもより長いものに対しては「短く」なります。もちろん、「短い」ものは「長い」ものに対して短いのです。絶対的に長いもの、絶対的に短いものはありません。すべてが相対的であり、相互に依存しあっています。そういうあり方を、仏教では「縁」といいます。

だから、ほとけのいのちがさまざまなかたちをとるといっても、実体的にさまざまなかたちに変化したのではありません。あくまで「縁」によって、かりにそのかたちに「変」じたのです。

言っていること、おわかりになりますか……？　たとえば、ほとけのいのちが勤勉家・怠け者に「変」じますね。それは実体的に変化したのではありません。永遠不変に勤勉家であったり、永遠不変に怠け者であったりしないのです。いま、かりに怠け者になっているだけです。

おもしろい話があります。蟻はみんな働き者のように見えますが、昆虫学者に言わせると、全部の蟻が働き者ではないそうです。働き者の蟻は全体の約二割で、あとの八十パーセントの蟻はちょこまか動いているだけで、ちっとも働いていないそうです。これはどんな集団で調べても、二割と八割になるといいます。

ところで、それぞれの集団でまじめに働いている勤勉家の蟻ばかりを集めて新しい集団をつくります。そうすると、たちまち八割の蟻が怠け者に転ずるそうです。その新しい集団では二割の蟻しか働きません。逆に、怠け者の蟻ばかりを集めてきます。すると、みんなが怠けてばかりいるかといえば、そうではありません。新しい集団では、やはり二十パーセントの蟻がまじめに働くそうです。

そして、これは蟻ばかりではなく、人間についても言えるのです。これは、イタリアの経済学者のV・パレート（一八四八―一九二三）が発見した法則で、わたしはこれを、

――「20／80の法則」――

と名づけていますが、人間の集団においても勤勉家が二割で、八割は怠け者だというのです。

また、たとえばセールスマンについていえば、百人のセールスマンがいると、二割の二十人のセールスマンが総売り上げの八割を売り、残りの二割を八十人のセールスマンが売るのです。

もちろん、優秀なセールスマンばかりを集めてきても、優秀なのは二割になり、あとの八割は

怠け者に転じます。成績のよくない者ばかりでチームを構成しても、そのうちの二割は優秀なセールスマンになります。要するに「20／80」の比率は変わらないのです。

じつは、これが「縁」の考え方です。

優秀な人間というものは、実体的・絶対的に優秀なのではありません。たまたま縁によって、いま優秀なかたちをとっているのです。だから、周囲が変わると、そのかたちも変わります。

世間の奴隷になるな

わたしたちは、ついつい怠け者を怠け者と見てしまいます。つまり、永遠不変に実体的な怠け者と見る。しかし、それはまちがいです。怠け者は、いまは縁によって怠け者のかたちになっているのです。そう見るのが、仏教の見方です。

そう見たとき、「諸法実相」になるのです。

われわれはみんなほとけの子です。仏子です。ほとけのいのちを預かっている存在です。それが仏教の人間観です。したがって、仏教の人間観は、

存在論的には……仏子。

なんです。そして、「蛙の子は蛙」ですね。だとすれば、仏子はみんな仏です。わたしたちはほとけの子であり、そしてほとけなんです。

さらに、仏教の人間観は、

認識論的には……「諸法実相」

です。あらゆる人間が真実であり、最高の価値をもっています。

——みんなほとけの子・みんな最高——

仏教はそう言っているのです。仏教者であれば、そこから出発すべきです。

勤勉家も最高、怠け者も最高です。

若い美人も最高、皺の多い老婆も最高ですよ。

優等生も最高、劣等生も最高。

しかし、わたしがこう言えば、「そんなことを言っていると、子どもが勉強しなくなる。落ちこぼれになってしまう」と反論があるにきまっています。怠け者も最高と言っていれば、人間に進歩向上がなくなるではないか?! と。

でも、それは、此岸の原理に立っての発言です。

もしもあなたが、世間に忠誠を尽くしたいのであれば、彼岸の教え——仏子・諸法実相——を否定されていいのです。そして、あなたの子どもを世間が認める優等生に育てればよい。あなた自身を世間が認める模範人間にすればよいのです。

しかし、しんどいですよ。いくらあなたが努力しても、あなたより優秀な人間がいれば、おまえは努力が足らん、誰それのようにもっと真剣にやれ、と叱咤されますよ。たとえ一番の成績をとっても、いつか他人に追い抜かれはしないかと思いながら生きる毎日が、それほど幸せですか。

あなたはどうして、世間の評判を気にするのです。世間に怯《おび》え、世間に迎合して生きる人生。そんな人生にどれだけ意味がありますか。

世間の奴隷になるのはやめましょうよ。

宗教をもたない現代日本人は、所詮は世間の奴隷です。世間に縛られ、世間の評判を気にして、世間にこびながら生きている人間、それが奴隷です。見てごらんなさい、総理大臣をはじめとする政治家連中から、高級公務員、大企業の社長から零細企業のサラリーマンまで、テレビのブラウン管に登場するタレントから学者・評論家まで、どいつもこいつも世間の奴隷です。世間から無視されるのがいやで、スキャンダルばかり起こして世間から追っかけてもらいたいくせに、カメラマンに追っかけられて逃げる演出をする。そのあげく死んでしまった、どこかのおばさんがいましたね。

仏教は、奴隷になるな、自由に生きろ、と教えています。自由とは、自分に由《よ》るのです。世間の物差しに縛られないのが真の自由です。

わたしたちはみんなほとけの子です。みんな最高の価値です。それが信じられたとき、わたしたちは世間の奴隷にならずに、自由に生きられるのです。

わたしたち仏教者は、このような人間観から出発すべきです。わたしはそう考えています。

8　いのちは誰のものか

―現代医学の誤りについて―

いのちは自分のものではない

「そんなの、わかってます。先生、ぼくのいのちはぼくのものです」

小学校三年生の男の子が答えました。

夏休みに小学生や中学生を集めて、仏教塾が開かれています。わたしは毎年、そこに講師として呼ばれて、子どもたちに仏教の話をしています。ある年、わたしは、

――いのちは誰のものか?――

といったテーマで話をしました。二泊三日のスケジュールのうち、わたしの担当は三十分ずつ四回の話をすることです。

その最初に、わたしは、

「きみたち、いのちは誰のものか、わかるかい?」

と問いかけました。小学一年から中学三年までを対象に、百名に近い子どもたちに話をするのは骨が折れます。年齢差が大きすぎるからです。〈わかってくれるだろうか……?〉と、としても不安だったのですが、その不安は杞憂《きゆう》でした。こちらの言いたいことがしっかりとしていれば、子どもたちのほうがちゃんと理解してくれます。むしろエコノミック・アニマルのおとなのほうが駄目です。わたしは子どもたちを信頼しています。

わたしの問いかけに、小学三年の男児が勇ましく答えてくれました。わたしはうれしくなって、その子を問い詰めます。

「きみのいのちはきみのもの——と言うんだね。でも、本当にそうだろうか?」

「そうです。まちがいありません!」

「じゃあね、魚のいのちは誰のもの?」

「そりゃあ、魚のものです」

「ゴキブリのいのちは……?」

「ゴキブリのものです」

「だとするとね、きみは魚を食べていいの……? 魚のいのちを勝手にきみが食べるのはおかしいと思わないかい。それに、ゴキブリのいのちはゴキブリのものであれば、きみは勝手にゴキブリを殺せないよね」

　彼は黙ってしまいました。一所懸命考えています。

　別の小学生が助太刀を出しました。彼は小学六年生です。

「ひろ先生、お金を払っているから、魚を食べてもいいのでしょう。それから、ゴキブリは害虫だから殺していいのです」

「本当にそうなの……？　それじゃあ、ひろ先生がきみにお金を払えば、ひろ先生はきみを殺していいの……？　それから、もしもきみが悪いことをしたら、きみは殺されても文句を言わないの……？」

　小学六年生も黙ってしまいます。

　しばらく間を置いて、わたしは言います。

「だからね、ぼくのいのちはぼくのもの、魚のいのちは魚のもの、ゴキブリのいのちはゴキブリのもの——という考え方がおかしいんだよね。自分のいのちは自分のもの、と考えてはいけないんだよね」

「じゃあ、誰のものですか……？」

　最初の小学三年生が大声で質問しました。元気のいい小学生です。こういう聴衆がいてくれるのは、講師にはとてもありがたいことです。

「じつは、いのちはみんなほとけさまのものなんだ」

と、わたしは結論を先に言いました。そうして、そのあと、わかりやすく話をしたのです。

いのちをめぐる常識の危険

自分のいのちは自分のもの——それが現代日本人の常識です。

じつは、この常識が危険なのです。

まず第一に、自分のいのちが自分のものであるから、みんな自分のいのちを大事にします。そうすると、必然的に他人のいのちは軽視されます。

なぜなら、自分のいのちと他人のいのちのいずれが大事かとなれば、誰だって自分のいのちを大事にします。それはつまりは他人のいのちの軽視です。

そのことは、逆に考えたほうがわかりやすいかもしれません。

すべてのいのちがほとけさまのものである——これがわれわれの結論であり、同時に前提であるわけですが、これを前提にすれば、わたしたちは他人のいのちを尊重できるのです。なぜなら、わたしのいのちはほとけさまのものであり、あなたのいのちもほとけさまのものです。だから、わたしのいのちとあなたのいのちが、平等になります。ほとけさまのいのちだから平等なのです。

それから、自分のいのちは自分のもの——という考え方が危険なのは、この考え方によると、いつの間にか自分のいのちが自分のものでなくなってしまうからです。そうした矛盾が生じる危険性があります。

どうしてそのような矛盾が生じるかといえば、自分のいのちを保持する自分が確立されていない時期、すなわち子どものあいだは、このいのちを親が保持することになるからです。つまり、子どものいのちは、その子どもが大きくなって、俺のいのちは俺のものだと言えるようになる前までは、親のものになってしまいます。これはまさに、自分のいのちが他人のものになったわけです。

いのちはすべてほとけさまのものといった前提に立たないと、この矛盾は解消できません。いのちはすべてほとけさまのものであれば、そのほとけさまのいのちを、子どもが小さいあいだは親が、

——預かってくれる——

のです。そして、子どもが大きくなって自分で預かれるようになれば、ほとけさまのいのちを自分で預かります。そう考えると、矛盾はなくなります。

それともう一つは、自分のいのちは自分のものと思っていると、わたしたちのいのちは知らぬ間に誰かに奪われてしまう危険があります。

その誰かというのは、まずは国家です。

戦前の日本では、「おまえたちのいのちは天皇陛下のものである」といった軍国主義教育がなされていました。

国家権力は巧妙です。わたしたちがちょっと油断をしていると、わたしたちのいのちを奪って国家のものにしてしまいます。揚げ句の果ては、人間のいのちより馬のいのちのほうが大事にされるのです。天皇の軍隊においては、兵士（人間）の値段は一銭五厘だが、軍馬はそうはいかないといって、人間を消耗品扱いにしたと伝えられています。一銭五厘は当時の葉書代で、兵士は葉書一本の召集令状（それを赤紙《あかがみ》と呼びました）で補充できたからです。前々章に与謝野晶子の反戦詩「君死にたまふことなかれ」を紹介しましたが、わたしたちはいのちは国家のものではないことを、常に言いつづけていなければならなかったのです。

にもかかわらず仏教僧が、戦争中は「天皇陛下のために喜んで死ぬ人間になれ」と発言していたのですから、開いた口が塞がりません。もっとも、この種の発言は、戦争中は誰しもがしていたことで、それを仏教僧だけの責任を問うのは気の毒な気がしますが……。しかし、仏教僧であれば、わたしたちのいのちはほとけさまのものであって、天皇や国家のものでないことを最後まで言いつづける責任があるのですから、それだけ責任が問われて当然でしょう。

それでは、現在は大丈夫でしょうか。

わたしは大丈夫だとは思いません。

現在においても、文部省の役人や学校の先生たちは、子どもは国家・社会のものだと思っています。だから、国家・社会の都合に合わせて、児童・生徒を教育しようとするのです。第一、義務教育ということで、子どもに学校に来ることを「義務」づけているのが、子どもを国家・社会に隷属させていることなんです。

子どもばかりではありません。おとなたちが、自分という存在をしっかりと自覚しているかどうか、疑わしいのです。自分のいのちが自分のものであれば、自分のいのちに関するかぎり、誰に遠慮も気兼ねもいらないはずです。だが、わたしたちは、世間に気兼ねばかりしています。サラリーマンが会社を休むにも、会社の都合ばかり考えています。会社を休むのは、自分の時間を自由に使うことですよ。そして、自分の時間というのは、自分のいのちです。時間を積算すればいのちになります。だから、自分のいのちが自分のものであれば、それをどう使おうと何も遠慮する必要はありません。

が、わたしたちはついつい遠慮してしまいます。それは、どこかで、自分のいのちを国家・社会に隷属させてしまっているからです。もっとも、この場合は、社会を逆にした会社のようですが……。

「滅私奉公」とどう闘うか

ここで、予想される反論に答えておきます。

おまえが言っているのは、エゴイズム（利己主義）だ！　きっとそういう反論、非難があるだろうと思います。

しかし、この問題については、すでに第三章に、釈迦の、

《自灯明、法灯明》

の言葉と、親鸞の、

《弥陀の五劫思惟の願をよく〳〵案ずれば、ひとへに親鸞一人がためなりけり》

の言葉を援用して論じてあります。改めて言う必要もないのですが、念のため、禅籍『無門関』第十二則を引用しておきます。

《瑞巌彦和尚《ずいがんげん》、毎日自ら「主人公」と喚《よ》び、復《ま》た自ら応諾す。乃《すなわ》ち云く、「惺惺著《せいせいじゃく》。喏《だく》。他時《たじ》異日《いじつ》、人の瞞《まん》を受くること莫《なか》れ。喏喏《だくだく》」と》

瑞巌彦和尚とは、中国唐末の禅僧である瑞巌寺の師彦《しげん》和尚です。

彼は毎日、自分自身に、

「主人公」

と呼びかけ、それに自分自身で返事をします。すなわち、

「惺惺著《せいせいじゃく》」（しっかり目を覚ましておれよ！）
「喏《だく》」（はい）
「他時異日《たじいじつ》、人の瞞《まん》を受くること莫《なか》れ」（これからのちも、他人に瞞《だま》されてはいかんぞ！）
「喏喏《だくだく》」（はい、はい）

とやっているのです。

これが、主体性だと思います。他人に騙されるな、ということは、しっかりとした主体性を持てということでしょう。ちょっと油断をしていると、国家権力はわたしたちを奴隷にしてしまいます。師彦和尚のように、わたしたちは常に自分自身に「主人公！」と呼びかけている必要があります。

ここのところは重要です。

わたしがなぜ『無門関』を援用したかといえば、わたしは「権威」を利用したのです。わたしたちがちょっとでも個人主義に類する発言をすれば、すぐに袋叩きにあう可能性があります。いや、実際、わたしは多くの人から非難・攻撃を受けました。おまえは勝手なことを言っている。おまえの言うようにすれば、この日本の社会は滅びてしまう。おまえは危険分子だ。そう言われたことがしばしばあります。

わたしが受けたような攻撃を受けると、たいていの人はひるんでしまいます。そして、無難な発言をしてしまうのです。

それが怖ろしい。そんなふうだから、仏教が活力を失ってしまったのです。

わたしは何度も言っていますが、これは現代日本社会が狂っているのです。

どうも日本人は、民族性でしょうか、

——滅私奉公——

といった考え方をしてしまいます。そこに戦前の軍国主義教育が加わって、公のために私を殺すことがいいことだと思っています。そんな考えでいるから、わたしたちは奴隷にされてしまうのです。

その結果、子どももおとなも、みんな管理された奴隷になっています。学校を見てごらんなさい。制服という名の囚人服を着せられ、検定に合格した教科書で教えられ、校則に縛られ、所持品検査までされます。自由な人間が受ける教育ではありませんよ。

いま、わたしたちは、国家なんて糞くらえ！　社会なんて糞くらえ！　と大声で叫ぶ必要があります。

でも、そう叫べば、狂人扱いされてしまいます。そこで、狂人扱いされないために、これはお釈迦さまの教えだ、親鸞聖人の教えだ、禅の教えだと、権威を利用する必要があるのです。

そこに仏教者の強味があります。仏教者は、仏教の権威を利用できます。いや、仏教者は、仏教の権威を利用して、「滅私奉公」といった、わたしたちを奴隷にしてしまう怪物としっかりと闘う必要があるのです。わたしはそう思っています。

臓器移植の問題(1)——輸血について

しかし、誤解しないでください。わたしが、国家なんて糞くらえ！　と叫んでも、それは国家をぶっ潰《つぶ》そうというのではありません。国家を潰そうとするのは、それだけ国家を重く見ているのです。わたしは、むしろ国家を軽く見ます。わたしたちはちゃんと税金さえ払っていれば、それで国家から文句を言われる筋合いはありません。個人としての義務を果たしますから、あとはほうっておいてちょうだい……というのが、わたしの考えです。

脱税しているくせに、国家が大事だなんてほざいている奴より、わたしのほうがよほどの愛国者ですよ。愛国者というのは、わたしに定義させれば、納税の義務をまともに果たしている人間です。

それはともあれ、話を元に戻しましょう。

自分のいのちは自分のものではありません。いのちはすべてほとけさまのものです。これが前提であり、同時に結論です。わたしたちはものを考えるとき、この前提から出発し、ここに帰ってくるのです。

たとえば、死刑廃止といった問題も、仏教者であれば、ほとけさまのいのちという前提から考えます。そのほとけさまのいのちを、国家の都合で奪うことは許されません。仏教者は、したがって、死刑廃止論者でなければなりません。わたしはそう考えます。

臓器移植の問題も同じです。

臓器移植の問題は複雑です。簡単に論ずることはむずかしいのですが、重要な問題ですから、わたしたちも考えてみましょう。

わたしは、臓器移植に四段階があると思います。

第一段階は輸血です。

日本人は、輸血が臓器移植だとは思っていませんが、考えてみれば血も明らかに人間の臓器です。したがって、輸血も臓器移植です。

じつは、この輸血の段階で臓器移植を問題にしているのが、ユダヤ教です。『旧約聖書』の「レビ記」は、

《いかなる生き物の血も、決して食べてはならない。すべての生き物の命は、その血だからである。それを食べる者は断たれる》(17章)

と、神の律法を記しています。輸血は、論理的に「血を食べる」行為になります。したがって、ユダヤ教では、輸血に原則的に反対です。ただし、ユダヤ教の多くの宗派では、輸血を必

要悪として目をつぶっています。

読者は、一九八五年に起きた「エホバの証人」の信者による輸血拒否事件を覚えておられると思います。「エホバの証人」はキリスト教系の宗教団体ですが、そこでは、『旧約聖書』の教えにもとづいて輸血が悪とされているのです。わたし自身は仏教者ですから「エホバの証人」が好きではありませんが、彼らが聖書原理——仏教でいう彼岸原理——に忠実であろうとしている信仰態度は、わたしたち仏教者も学ぶべきだと思っています。

もっとも、わたしはあの事件が起きたとき、いま書いたような発言をしました。すると、「輸血によって助かる命がむざむざ失われることを、ひろさちやは人命なんてどうでもいいと思っているのか⁈」と、ある仏教学者から罵倒されました。日本の仏教学者は、まったく必要性しか見ないのですね。人命救助のために輸血が必要となれば、すぐさまそれを容認します。その考え方が、大東亜戦争のとき、敵兵を殺す必要があるからといって、「一殺多生」——一人を殺すことによって多くの生命を助けること——は菩薩《ぼさつ》の慈悲に通ずる、といった発言を仏教僧にさせたのです。

宗教者は、必要性に立ってものを考えてはいけないと思います。宗教者であるかぎり、仏教者であれば彼岸原理に、キリスト教徒であれば聖書原理に忠実であるべきでしょう。

なお、これは別の事件ですが、「エホバの証人」の女性信者による「輸血拒否」の是非が法廷で争われ、一九九八年二月九日、東京高裁は「輸血拒否」を認める判決を下しています。また、東京都の都立病産院倫理委員会は、一九九四年四月に、宗教上の理由による輸血拒否は、患者の意思を尊重するといったガイドラインを示しています。そして、東京都衛生局によると、無輸血による手術の失敗やトラブルはないそうです（以上は、「毎日新聞」一九九八年二月十日付によります）。

必要性といったものは、時代により、社会によって、ずいぶんと違うのです。そんなあやふやな必要性のために、仏教者が彼岸原理を捨ててしまっていいものでしょうか……？

臓器移植の問題(2)——角膜移植・鼓膜移植・腎臓移植

臓器移植の第二段階は角膜移植、鼓膜移植です。

これは死体から剔出《てきしゅつ》するものだから問題はない——と、日本人は考えているようです。

たしかに、仏教は死体にはこだわりません。わたし自身は、死ねばすぐにお浄土に往けるものと信じています。だから、わたしの死骸がどうなろうと、かりにわたしの子どもたちがわたしの死体を蹴飛ばしたところで、わたしは何とも思いません。

けれども、日本人はどうやら死体に執着しているようです。その執着は、たぶん儒教の影響でしょう。その国民性からして、死体だからそれを傷つけてよいと言えるでしょうか。医学の名において死体を平気でいじくりまわす習慣が、死体から首を切断して校門の前に置くといった犯罪を生みだしたのです。あの少年が犯した殺人という行為は、それはそれで糾弾されていいでしょう。しかし、彼が死体から首を切断した行為を「残忍」と責めるのは、いささか不公平です。あの少年を責めるのであれば、死体を弄《もてあそ》ぶ医学だって糾弾されて然るべきです。

じつはイスラム教が、この段階での臓器移植に反対しています。イスラム教では『コーラン』が、死体を傷つける者は生体を傷つけたと同じと見なす、と言っています。だから、医者が死体から角膜を取ると、罰として医者の眼から角膜が剔出されます。

次の第三段階は腎臓移植です。

この腎臓移植は、おおむね親子間で行なわれています。古い統計ですが、一九九一年の腎臓移植の実績は七四一件で、そのうちの七割が肉親の臓器提供によるものです。肉親の問題だから……ということで、日本人はこの段階でもあまり問題にしていません。

けれども、臓器移植というものの本質は何か？　わたしたちは、第一段階、第二段階、第三段階のどこかで、問題をしっかりと宗教的に考えておくべきでした。わたしたちの場合は、仏教的に考えておかねばならなかったのです。それを仏教者は怠っていました。まことに無責任な話です。

仏教的に考えれば、臓器移植というものは、

——他人の臓器を欲しがること——

です。そのことは否定できないでしょう。そして、やはりそれはおかしなことだと思います。

では、なぜ他人の臓器が欲しくなるのかといえば、現代医学があたかも人間を機械のようにしてしまったからです。ちょうど自動車のように、人間はさまざまな部品で出来ていると見る、現代医学はそんな人間観をつくりあげました。タイヤがパンクすれば交換すればいいのだし、エンジンが故障すれば修理をしたり、他のエンジンと交換します。それと同じように、眼が悪くなれば別の角膜を、腎臓が悪くなれば別の腎臓と交換すればいい、といった考え方になったのです。

問題の本質は、そのような人間観にあります。

仏教者は、絶対にそんな人間観を認めません。

仏教者にとっては、わたしのこの身体はほとけさまからお預かりしているものです。わたしのこの部品は不良品だから、他の部品と交換してほしいと思うことが、まさにほとけさまに対する忘恩でしょう。

「他人の臓器を欲しがるな！　それは貪欲というものだ！」——と、なぜ仏教者は言わないのですか?!　なぜ、現代医学に遠慮しないといけないのですか?!

臓器移植の問題(3)――心臓移植

仏教者が変に遠慮しているうちに、現代医学は悪魔的な進歩を遂げました。臓器移植が第四段階に達したのです。

この第四段階は心臓移植です。

心臓移植には「生きた心臓」が必要です。死体から剔出した心臓では移植できません。新鮮な心臓でなければならないのです。それで問題がややこしくなりました。

生きた心臓は、当然、生きている人間からしかとれません。

そこで、生きている人間を、

――死んだことにする――

必要が生じました。

それが「脳死」です。

いや、脳死という言葉はおかしいのです。人間は生きています。ただ脳の機能が低下したのです。それだけで、その人間を死んだことにするのです。

ですから、それは「脳殺」です。殺しちゃうのです。それも、生きたまま心臓を剔出して、生体を切り刻んで殺しちゃうのです。残酷この上ないやり方です。

じつは、読者に考えてもらいたい問題がもう一つあります。現代医学は、この「脳殺」をやるための準備を着々と進めてきました。それは、脳の機能の低下した人間を数日間、場合によっては数年間も生かす技術を開発したことです。普通は、脳の機能が低下すれば、その人は間もなく死にます。それを現代医学はなおも生かしつづける技術を開発したのです。

わたしは仏教者として、このような現代医学を憎みます。悪魔だ、と叫びたいのです。だって、わたしたちのいのちはほとけさまからお預かりしているのです。ほとけさまが決めてくださった寿命がくると、わたしたちはほとけの国、お浄土に帰るのです。ほとけさまが帰っておいで……と、迎えてくださっています。

それを、現代医学は、帰してくれないのです。勝手に生かしつづけようとするのです。

要するに、現代医学はわたしたちから、

——お浄土に帰る権利——

を奪ってしまったのです。仏教者として、このような現代医学を許すことはできません。

そして、現代日本社会は、多数決でもって「脳殺」を認めてしまいました。脳の機能が低下した人間は死んだものと見なす、というのです。それを国会が多数決で決めました。

これは、まさにわたしたちのいのちが国家に奪われたことを意味します。国民のいのちは国家のものだから、国家の意思決定機関である国会がそれを自由に決めることができる、という前提に立っています。

とんでもないことです！　わたしたちのいのちはほとけさまのものです。それを国家が云々する権利はありません。わたしはそう信じています。

ともあれ、わたしたちのいのちはほとけさまのものです。仏教者がそれを忘れると、とんでもないことが起きます。わたしたちが絶対に忘れてならないことです。肝に銘じておいてください。

9 死をどう考えるか ―いのちの布施―

自然界は弱肉強食ではない

現代科学はおかしな「神話」をつくりました。わたしたちは学校教育で、このおかしな「神話」を教え込まれています。それは、

――弱肉強食――

の「神話」です。わたしたちが生きているこの世界の構造に関する「神話」です。わたしたち仏教者がいつの間にか、世界は「弱肉強食」の構造になっていると信じ込まされてしまったのだから怖ろしい話です。

じつをいえば、釈迦がこの「弱肉強食」の神話を問題にされたことを、仏教文学が伝えています。

釈迦が出家される以前、まだ少年のころの物語です。釈迦国の春の農耕祭の儀式に、釈迦国の太子としてシッダールタ（釈迦の出家以前の名前）が臨席しました。

農夫が牛に犂《すき》をつけて、土を掘り起こします。その土の中から一匹の虫が出てきます。その虫を、小鳥がやって来て啄《ついば》み、嘴《くちばし》にはさんで飛び去ります。おそらく雛にやろうとしたのでしょう。だが、その小鳥は遠くまで飛べません。猛禽がやって来て、その小鳥を爪のあいだにはさみ、悠々と空を飛び去りました。

まさしく「弱肉強食」の光景が目の前に展開されたのです。人々は喚声をあげます。

しかし、シッダールタは顔を曇らせ、

「むごい！　あまりにもおぞましい」

と呟き、その場を去ります。そして、樹下で坐禅をされました。これが、釈迦の最初の坐禅であったと、経典（『中阿含経』三二「未曾有法経」）は伝えています。

虫を小鳥が食い、小鳥を猛禽が捕食する。そのような「弱肉強食」のありようを、釈迦は問題にされたのです。これが釈迦の出家の動機の一つであったと考えられます。

けれども、わたしがこう言えば、たぶん現代知識人の失笑を買いそうです。なにを寝言を言っているのか?!　いくら釈迦が偉い仏陀であったところで、小鳥に虫を食うな、猛禽に小鳥を食うな、と命令できないだろう。命令したって、どうにもならないではないか。そんなふうに冷笑を浴びせられるでしょう。

だが、それは知識人がおかしいのです。

知識人というものは、現代科学がつくりだした奇妙な「神話」を、あたかも真理そのもののように信じ込んでいます。まことに困った狂信者です。にもかかわらず、みずからの狂信に気づいていないから怖ろしいのです。

ちょっと考えてみてください。自然界は決して「弱肉強食」の世界、すなわち競争の世界ではありません。むしろ、強いものと弱いものとが助け合って生きています。

野生動物の写真集などを見ていますと、アフリカスイギュウの大きな体に小鳥がとまっているのがあります。あの小鳥はキバシウシツツキといって、スイギュウの体表に埋まっているダニや寄生虫を食べるのです。スイギュウはウシツツキに掃除をしてもらい、ウシツツキはスイギュウから餌を貰っているのです。彼らは助け合って生きています。アリとアリマキ（アブラムシ）の関係も同じですね。

おもしろいのは、回虫などの寄生虫のいる人は、あまり花粉症にならないそうです。寄生虫が出す分泌液が、スギ花粉が起こすアレルギー反応を抑制するのだといいます。

《東京医科歯科大の藤田紘一郎教授は「ヒトと寄生虫は昔から共生してきた。だが人間がムシを一方的に追放したため、花粉症というしっぺ返しを食ったのではないか。寄生虫は宿主を殺

すようなことはめったにない」と語り、「一匹ぐらい飼ってみては」と笑った》（「毎日新聞」一九九五年十二月八日夕刊）

といった新聞記事がありました。寄生虫を敵視する思想が、結局は花粉症をつくったのかもしれません。わたしたちが寄生虫と仲良く暮らしていた昔は、スギ花粉がいくら飛んでいても、花粉症はなかったですよね。

死はいのちの布施

ネズミを天敵のいない状態で飼育します。たとえば大きな倉庫の中で飼うのです。餌は毎日、外から補給します。また、遺伝子の劣化を防ぐために、ときどき野生のネズミを加えます。そうすると、ネズミはかなり増えるはずです。倉庫いっぱいになるはずです。

だが、そうではありません。

ある限度まで増えると、突然、ネズミは死にはじめます。だいたい三分の二のネズミが死んで、最高数の三分の一が残るそうです。

そして、そこから再びネズミは増えはじめます。が、また最高数になると、バタバタと死にはじめるのです。

いくら実験してみても、ある限度までしかネズミは増えないのです。

なぜネズミが死ぬかといえば、ストレスが原因です。まあ、わたしたちが、満員電車に乗っている状態です。あまりにもネズミが増えすぎたので、いらいらするのでしょう。

これは、実験室での出来事です。

自然の状態だと、かりに天敵がいなくなってネズミが繁殖すれば、餌がなくなります。だから、ネズミはほぼ全滅してしまうでしょう。実際にそういうケースがありました。

これが何を意味するか、もうおわかりと思います。天敵の存在が、種の生存を支えてくれているのです。ネコやヘビといった天敵がいてくれないと、増えすぎたネズミは食糧不足によって絶滅するでしょう。

だとすれば、天敵ではありません。「敵」といった見方はおかしいのです。

わたしたちは、「弱肉強食」ということで、あたかもシマウマはライオンを恐れて生きているかのように教わってきました。だが、実際には、シマウマはライオンが寝ている横でのんびりと草を食べているそうです。ライオンは一度食事をすれば、三、四日はごろりと寝ています。だから、シマウマはライオンが自分たちを襲ってこないことを知っているのです。

もちろん、空腹になったライオンが起き上がると、シマウマは逃げます。そして、逃げ遅れた一頭がライオンの餌食になります。

だから、「弱肉強食」だと自然科学者は言うでしょう。

けれども、わたしはそうは思いません。わたしは、仏教者として、これを、シマウマのほうからする、

――いのちの布施――

と見ます。仏教者はそのように見るべきだと主張したいのです。

そうなんです。ライオンの餌食になる一頭のシマウマは、

「ライオンさん、わたしはほとけさまからお預かりしたいのちを、楽しくこの世で過ごさせていただきました。だから、わたしのいのちをあなたに布施させていただきます。どうかわたしを食べてください」

と言っているのです。決してライオンを怨んでいるのではありません。仏教者であれば、そのように考えるべきです。

かつてわたしは、幼稚園の先生から、くもの巣にかかった蝶を逃がしてやっていいかどうかを尋ねられました。その先生が、くもの巣から蝶を助けたとき、園児の一人が、

「先生、そんなことをしたら、くもがかわいそうだよ」

と抗議をしたというのです。くもにすれば、せっかくの餌を奪われたことになります。園児が言うのももっともだけど、しかしくもに食われる蝶もかわいそうではないか……と思っての質問です。

わたしたちが「弱肉強食」といった見方に立脚しているかぎり、蝶を助けてくもをいじめるか、それともくものために蝶を見殺しにするか、といったジレンマに陥ります。しかし、仏教者であれば、「いのちの布施」の考え方で問題が解決できます。先生は園児に、

「蝶さんはね、〝わたしはほとけさまからお預かりしたいのちを、楽しく遊びました。だから、くもさん、どうかわたしを食べてください〟と、いのちの布施（プレゼント）をしているのですよ。くもさんは、〝蝶さん、ありがとう〟と、蝶さんを食べるのです。わたしたちは、やさしい蝶さんを拝んであげましょう」

と教えてあげればいい。わたしはそう思います。

人間に殺す権利があるか

この「いのちの布施」の考え方によって、わたしたちは毎日の食事を食べることができるのです。牛や豚、魚や鶏を食べることが許されます。

なぜ、わたしたちが動物を殺して食べていいのか、重要な問題なのに、これまであまり問われなかったようです。

わたしたちは、なんとなく、

「人間にはその権利がある」

と思っているようです。「人間の権利」ということで問題を片付けることができるのは、ユダヤ教やキリスト教です。『旧約聖書』の「レビ記」（11章）は、

《主はモーセとアロンにこう仰せになった。

イスラエルの民に告げてこう言いなさい。

地上のあらゆる動物のうちで、あなたたちの食べてよい生き物は、ひづめが分かれ、完全に割れており、しかも反すうするものである。……

水中の魚類のうち、ひれ、うろこのあるものは、海のものでも、川のものでもすべて食べてよい。しかしひれやうろこのないものは、海のものでも、川のものでも、水に群がるものでも、水の中の生き物はすべて汚らわしいものである。これらは汚らわしいものであり、その肉を食べてはならない。……。

鳥類のうちで、次のものは汚らわしいものとして扱え。食べてはならない……。》

と、食べてよいもの・食べて悪いものを明確にしています。これは神の命令です。神が食べてよい、食べてはならないと決められたのです。したがって、人間には、食べてよいものを食べる権利があります。

ユダヤ教徒の厳格派は、こうした食物規制を忠実に守っています。彼らはひれとうろこのないものは食べません。たこやいか、うなぎ、貝などは食べられないのです。それで、東京の帝

国ホテルに宿泊したユダヤ教徒の一団は、代表がホテルの調理室に行って、たこやいか、えびなどを調理した俎《まないた》を、鉋《かんな》をかけてから自分たち向けの料理をつくってくれ、と申し入れたそうです。そんな話を聞きました。

しかし、キリスト教徒はちょっと違います。

イエスは、次のように言っています。

《彼〔＝イエス〕は彼らに言う、「……すべて外から人間の中に入って来るものは彼を穢しえないことがわからないのか。なぜならば、それは彼の心の中に入るのではなく、腹の中に入って便所へと出て行くからだ」。こうして、すべての食物を彼は清いものとした》（「マルコによる福音書」7章。新約聖書翻訳委員会訳による）

イエス・キリストが『旧約聖書』の食物規定を取っ払ってくれたおかげで、キリスト教徒は何でも食べられるようになりました。だが、都合がいいのは、その「何でも食べていい」という権利は、ユダヤ教徒と同じく神から認めてもらった権利なんです。それでキリスト教徒は、堂々と牛や豚を殺して食べるのですね。

どうやらわれわれ日本の仏教者は、キリスト教徒でないくせに、このキリスト教的な「権利意識」を持っているようです。でも、それはおかしなことです。あたりまえのことですが、仏教者は仏教にもとづいて考えねばなりません。

仏教者はどう考えるべきか

そういえば、仏教には精進料理があります。獣肉や魚肉等を用いないで、野菜や豆・芋などの植物性の材料でつくった料理です。

じつは、わたしは、豆や芋が嫌いです。だからというのではありませんが、精進料理が嫌いです。食べたくないといった意味での嫌いである以上に、そもそも精進料理の精神が気に入らないのです。

だって、植物にもいのちはあるのですよ。牛や豚、鶏、魚を食わなければ、殺生をしたことにならない――といった考え方がおかしいのです。野菜を食べても、野菜のいのちを奪っているのではありませんか。

じつは、お坊さんが肉食をしてはならないといった規則は、中国仏教・日本仏教のものです。インドの仏教では、そんな戒律はありません。いや、むしろ僧侶は、肉類の布施を受ければ、それを食べなければならなかったのです。お坊さんが布施された物を食べないと、布施した信者の功徳がなくなるからです。

したがって、釈迦世尊も、肉類が施されたときは、それを召し上がっておられました。釈迦が最後に食べられた食事は、豚肉料理であったという説もあります（異説もあります）。

中国仏教や日本仏教は、不殺生戒の精神にもとづいて、独自に僧侶の肉食を禁じました。それで、精進料理なるものが考案されたのです。

だが、わたしは、そのような考え方に反対です。肉さえ食わなければ、植物は食ってもよい──とするのは、いささか姑息な考え方です。

わたしは、仏教者であれば、「いのちの布施」をいただいている、と考えるべきだと思います。動物であれ植物であれ、食卓の上の食品の一品一品が、すべて向こうのほうからわたしたちにみずからのいのちを布施してくれているのです。それを、わたしたちは、手を合わせて、

「ありがとう」

といって、布施を受けます。それが、仏教者のやり方ではないでしょうか。

ユダヤ教徒やキリスト教徒であれば、神が人間が食べるようにと用意してくださった食べ物をいただきます。だから、神に感謝しながらいただくのです。

だが、仏教者は違います。仏教の仏は、宇宙の創造者ではありません。だから、仏が、人間のために食べ物をつくってくださった、と考えることはできません。

かといって、「弱肉強食」ではありません。「弱肉強食」の思想は、強者は弱者を食べてよい、強者に弱者を食べる権利があることを認めたイデオロギーです。

科学というものは、そういうイデオロギーを押し付けるものです。われわれは科学といえば

客観的な真理だと思っていますが、それは嘘です。科学はその時代のイデオロギーにもとづいて、勝手なことを言っているのです。資本主義社会は、強者による弱者の支配をたくらんでいますから、「弱肉強食」の論理が都合がいいわけです。それで、その論理を、科学は売り込んでいるのです。

われわれ仏教者は、そういう科学の欺瞞をしっかりと見抜かねばなりません。

そして、仏教者らしい「世界の見方」を確立する必要があります。

その仏教者らしい世界の見方が、「いのちの布施」であります。

大乗仏教の基本思想は、すでに述べたように、「一切衆生悉有仏性《いっさいしゅじょうしつうぶっしょう》」（生きとし生けるものがことごとく仏性を有している）です。仏性とは仏の性質、ほとけのこころです。そして布施のこころです。生きとし生けるものはすべて布施のこころを持っており、それぞれのいのちを布施します。どうかあなたのためにわたしのいのちを役立ててくださいと言っているのです。

仏教者は、そういう宇宙観・生命観を持つべきです。いや、そういう宇宙観・生命観を持ったとき、わたしたちは、仏教者になれるのです。

死の意味

いのちの世界は、互いに布施をしながら生きています。いや、布施を受けて生かされていいます。

布施をするものをほとけと名づけましょう。そうすると、この宇宙は、みんなほとけさまです。ほとけさまどうしが互いに布施をしながら生き、生かされているのがこの世界。わたしは、それを、

――まんだら大宇宙――

と呼んでいます。小さなほとけさまが集まってまんだら大宇宙を構成しているのです。

人間は、さまざまなほとけさまの布施を受けて生かされています。

牛や豚、鶏、魚はみんなほとけさまです。彼らがいのちの布施をしてくれるから、人間は共存できます。

野菜やさまざまな植物が、わたしたちにいのちの布施をしてくれています。

美しい花も、彼らはわれわれに「美しさ」を布施してくれています。

人間は「いのちの布施」によって生かされている。だとすれば、われわれ人間も「いのちの布施」をすべきです。当然、そうなります。

では、われわれは何をすべきでしょうか……？

しかし、安心してください。われわれが、わざわざ何か布施の行為をせねばならぬ――ということはありません。この世は「まんだら大宇宙」ですから、その中に生きる小さなほとけさ

まは、すべて自然に布施ができるようになっているのです。人間も「まんだら大宇宙」の一員ですから、わざわざ何かをしないでも、自然に布施ができます。

じつは、「いのちの布施」というのは、換言すれば、

——死ぬことが布施——

なんです。人間は死にます。必ず死にます。その死ぬことが「いのちの布施」です。

もしも、人間が死なないとすれば、この地球に人間が無限に増えます。すると、ストレスが生じます（現在の地球の状態を見ると、もうかなりストレスが生じているようです）。だから、人間が死んでくれることによって、わたしたちは生きることができるのです。

だいいち、ご先祖さまが死なずにがんばっていれば、この地球は人口過密で、わたしたちは生まれてくることができなかったでしょう。ご先祖さまが死んでくれたおかげで、その死という布施によって、わたしたちはこの世に出現できたのです。

だから、わたしたちが死ぬことが、のちの人類への布施になります。

そうなんです。死が布施なんです。死ぬことが布施——。そう考えると、楽しくなりますよね。

わたしは、イエス・キリストの言葉を思い出します。

《一粒の麦は、地に落ちて死ななければ、一粒のままである。だが、死ねば、多くの実を結ぶ。

自分の命を愛する者は、それを失うが、この世で自分の命を憎む人は、それを保って永遠の命に至る》(「ヨハネによる福音書」12章)

〝自分の命を憎む〟といった表現は、ちょっと奇異に感じられます。〝自分のいのちに執着しない〟と訳したほうがいいと思います。ともあれ、イエスも、死を新しいいのちへの布施と考えていたのではないでしょうか……。

仏知見を持て

一九五〇年代の前半、東アフリカのエチオピアで、マラリアによる乳幼児死亡率が八十パーセントを超えている地域がありました。そこで国連の専門機関のWHO(世界保健機構)は救済のためイタリアの医師団を派遣して、徹底的なマラリア撲滅作戦を展開します。

結果は大成功で、わずか五年でマラリアは完全に駆逐され、乳幼児死亡率も十パーセント程度に下がりました。それまでは、生まれた子供の十人中八人以上が死んでいたのですが、十人中九人が生き残るようになったのです。

イタリアの医師団は意気揚々と引き揚げました。WHOの功績が大いに喧伝されました。

ところが、十年後、事後調査のため新しい研究グループがエチオピアに派遣されます。しかし、彼らは目標の村に行けません。

なぜなら、村が消滅していたからです。

マラリア撲滅の結果、その村の人口が増えます。すると、その村の耕地面積では村人の胃袋を満たすことができず、村全体が雲散霧消してしまったのです（関口武『気象と文化』による）。

たしかに、乳幼児死亡率の高いことは悲惨です。わたしたちは、これをなんとかせねばならないと考えます。そして、現代科学は、現代医学は、それを克服するためにあらゆる手段を尽くします。

だが、乳幼児死亡率が低まったがために、村そのものが消滅してしまうという結果になります。それでよかったのでしょうか。

現代医学は、他人の心臓を移植する技術を開発しました。その技術によって、大勢の心臓病の患者が救われるでしょう。しかし、そのために、まだ生きている人間を死んだことにしなければならなくなりました。それでよかったのでしょうか。

世間の人は、それでいいと言うでしょう。

けれども、わたしは、仏教者であるが故に、「ノー」と答えます。

仏教者は、仏教者らしい考え方をすべきです。

では、仏教者らしい考え方とは何か？　わたしは、『法華経』の「方便品」の言葉を思い出します。

《舎利弗《しゃりほつ》、云何なるをか、諸仏世尊は唯《ただ》一大事の因縁を以ての故に、世に出現したもうと名《なづ》くる。諸仏世尊は、衆生をして仏知見《ぶっちけん》を開かしめ清浄なることを得せしめんと欲するが故に、世に出現したもう。衆生に仏知見を示さんと欲するが故に、世に出現したもう。衆生をして仏知見を悟らしめんと欲するが故に、世に出現したもう。衆生をして仏知見の道《どう》に入らしめんと欲するが故に、世に出現したもう。舎利弗、是《こ》れを諸仏は唯一大事の因縁を以ての故に、世に出現したもうとなづく》

釈迦仏がこの世に出現された目的は何か？　それは、わたしたちに、

——仏知見——

を教えるためであるのです。仏知見とは、ほとけさまのものの見方でしょう。虫を小鳥が食べ、その小鳥を猛禽が捕食する。それを「弱肉強食」と見るのは、現代科学の見方でしょう。それを「いのちの布施」と見るのが仏知見です。釈迦世尊はそのことをわれわれに教えるために、この世に出現されました。『法華経』はそう言っているのです。

くもが蝶を捕食します。われわれは仏知見によって、それを「いのちの布施」と見るのです。蝶がくもにみずからのいのちを布施しているのだ、と。

わたしたちは死にます。いつか寿命の終わる日、わたしたちのいのちは絶えます。しかし、それが布施です。死が布施です。そう見るのが仏知見です。

マラリアによる乳幼児死亡率が高いのは悲惨です。けれども、わたしたちはそれを、乳幼児たちが「いのちの布施」をしてくれているのだと見るべきでしょう。そう見るのが仏知見だと思います。

それじゃあ、この場合、乳幼児死亡率を低くする運動をやってはいけないのか?! と反問されるでしょう。わたしは、おやりになるのはとめません。わたし自身だって、そういう運動に協力するでしょう。

しかし、仏教者としては、その問題を考えるときに、しっかりと仏知見を持っていたいと思います。そうでなければ、わたしたちは現代科学の暴走をとめることができないからです。

10 浄土とは何か

—仏教の死後の世界観—

釈迦の答え

「きょうこそは、世尊よ、お教えください。死後の世界はあるのですか、ないのですか？ この宇宙は有限ですか、無限ですか？ これまで世尊は、わたしがこれらの問いを尋ねても、いっこうに答えてくださいませんでした。もしも、きょうも世尊が答えてくださらないのであれば、わたしはこの仏教教団を去る覚悟をしています。どうか世尊よ、きょうこそはわたしの質問にお答えください」

釈迦世尊に思い詰めた面持ちで尋ねているのは、哲学青年のマールンクヤです。いや、仏典（『中部経典』六三）のどこにも、マールンクヤの年齢は出てきません。その質問の内容からして、わたしが勝手にマールンクヤを哲学青年にしてしまいました。

そうです、彼は釈迦に、この宇宙は有限か無限か、霊魂と身体は同一であるか別異であるか、死後の世界があるかないか、といった哲学的な問題を問いつづけていました。だが、釈迦はそれらの問題にいっさい、答えられません。いつも沈黙されます。

そこでマールンクヤは、その日、教団を去ることを決意して釈迦に返答を求めました。

すると、釈迦はこのように言われたのです。

「マールンクヤよ、ここに毒矢で射られた人がいるとしよう。彼の友人たちは医者を呼んで来て、急いでその男の治療をしようとしている。だが、その男はこう言う。〝わたしは知りたい。わたしを射た者は何者なのか？　その人は背が高いか低いか？　色は白いか黒いか？　わたしを射た弓は、いかなる形をしているか？　それらのことが解明されぬうちは、この矢を抜いてはならぬ〟と。その男は、それらのことを知り得ぬうちに死んでしまうだろう。

マールンクヤよ、世界は有限か無限か、霊魂と身体は同一か別異か、死後の世界はあるかないか、それらのことに答えたとしても、われらの苦なる人生の解決にはなり得ないのだよ。われらにとって大事なことは、この現在の生において、この苦なる人生を克服することなのだ。

そのためには、マールンクヤよ、わたしが説かないことは説かないままに受持するがよい。わたしの説いたことを説いたままに受持するがよい。……」

そして釈迦は、つづけて、「わたしが説いたこと」は四諦の教えであると言っておられます。

それについてはここでは直接関係がないので、引用をやめておきます。

ここで釈迦が説いておられる譬喩は、

――毒箭《どくせん》の喩《たとえ》――

と呼ばれているものです。釈迦はこのような譬喩でもって、われわれが考えてもわからない問題、答えの出ない問題を考えることをいましめられたのです。仏教学の用語では、それを、

――捨置記《しゃちき》・無記答《むきとう》・アヴィヤークリタ――

といいます。釈迦は、答えの出ない問題に対しては沈黙を守って、それを捨て置かれたのです。したがって、捨置記とは、

――考えるな！――

ということです。考えてもわからない問題、考えるに値しない問題は考えないことです。それが釈迦の態度でした。したがって、われわれ仏教者もその態度に学ぶべきです。わたしはそのように思います。

死後の世界を語る釈迦

さて、死後の世界はあるのか、ないのか？　わたしもよくそのような質問を受けます。

もちろん、わたしの答えははっきりしています。釈迦世尊がわれわれに、そのような問題は

「考えるな!」と教えられたのですから、そうした問題は考えてはいけないのです。答えないことが、仏教の答えです。

非常に簡単ですよね。

だが、問題は、それほど簡単ではありません。

なぜかといえば、あなたは、死後の世界について「考えるな！」と言われて、「はい、考えません」となりますか……？　無理ですよね。わたしたちは、どうしても考えてしまいます。わたしたちが考えないでいても、テレビだとか出版物などで、死後の世界について、あるいは臨死体験といったものが語られています。わたしたちはついそれに興味を持ってしまいます。つまり、考えてしまうのです。釈尊に叱られることがわかっているのに……です。

これが問題ですね。

しかし、この問題はあとで論ずることにしましょう。

もう一つ、問題があります。それは、釈迦その人が、ときに死後の世界を語っておられることです。

たとえば、次のような話があります。これは、わたしが拙著『インド仏教思想史・上』（大法輪閣、一九八七年）に紹介しましたが、同書から再引用しておきます。

釈迦がナーランダー近郊のとある林の中で坐禅をしておられたときです。そこに村長がやって来て、釈迦にこう言いました。

「婆羅門《ばらもん》たちの言うところによると、彼らが儀式をやれば、死者はたちまち天上界に再生するそうだ。どうだい、おまえさんにも同じことがやれるかい……？」

婆羅門というのは、当時のインドの聖職者です。村長は、釈迦の教えが婆羅門教のそれと同じものか、と訊いているのです。

その質問に対して、釈迦はこう応じられました。

「その問いに答える前に、わたしから村長に質問したい。湖に大きな石を投げ込んだとする。当然、石は沈むだろう。そのあと、婆羅門がやって来て、〝石よ浮かべ、石よ浮かべ〟とご祈禱をする。すると、石は浮かぶだろうか？」

「いいや、そんなことはない」

「村長よ、それと同じだよ。生前、悪を積み重ねた者は、死後に地獄に堕ちる。いくらご祈禱をしても、彼が天上界に生まれることはない」

釈迦の返答は、じつに説得力があります。

そして、釈迦はこうつづけられます。

「それからね、村長よ。瓶に油をいれて湖に投ずる。瓶が割れたとする。すると油は浮きあがる。そのあと婆羅門たちが、〝油よ沈め、油よ沈め〟とご祈禱する。そうすれば、油は沈むだ

のだよ」

「それと同じく、生前に善業を積んだ者は、死後天上界に往く。彼が地獄に堕ちることはないろうか……？」

「いいえ、そんなことはありません」

ここで釈迦が説いておられることは、

――善因善果・悪因悪果――

の法則です。婆羅門教という宗教は、いわばご祈禱主義の宗教です。婆羅門という聖職者のご祈禱によって、死者の死後の世界が決まる――とされています。そういうタテマエにもとづいて、婆羅門たちはご祈禱をしています。

それに対して釈迦の説く仏教は、いわば法則性の宗教です。死者が生前になした善業・悪業によって、死者の死後の世界のありようが決められる。釈迦はそう教えています。

もっとも、現在の日本の仏教は、釈迦のこの教えよりも、釈迦が否定した婆羅門教のご祈禱主義に近いようです。死者のための追善供養といったものを見れば、釈迦がどう言われるか、わたしたちはしっかりと考えてみる必要があります。

まあ、しかし、その問題はいまは問わないでおきます。わたしがここで指摘したいのは、釈迦の口から「地獄」や「天上界」が語られていることです。

これはどういう訳でしょうか……?

地獄や天上界は、明らかに死後の世界です。釈迦は死後の世界について「考えるな!」と教えていながら、ご自身で語っておられます。矛盾していますよね。

相手の常識にあわせて教えを説く

これについては、われわれは、釈迦が語っておられる相手が違うことに注目すべきでしょう。

マールンクヤは釈迦の弟子であり、出家者です。

それに対して村長は初対面の人物であり、在家の人間です。

弟子に対しては、いわゆる専門語で語れます。大学教授が大学で専門の講義をするときは、専門語を使って授業ができます。しかし、カルチャーセンターで講義をしたり、市民会館などでの講演は、専門語を使ってはできません。

だから、初対面の人間がやって来て、いきなり死後の世界について語りはじめると、釈迦も相手に応じた話をせざるを得ません。

相手に応じるということは、当時のインド人の常識に従うことです。

そして、当時のインド人の常識は、

——輪廻転生——

です。人間は、五つの世界を生まれ変わり死に変わりして輪廻する、と、釈迦の時代のインド人は信じていました。

その五つの世界とは、

1　天上界
2　人間界
3　畜生界
4　餓鬼《がき》界
5　地獄界

です。あれれ、「六道輪廻」ではなかったのか、と思われる読者もおられるかもしれません。釈迦の時代から五百年ほどのちに、ちょうど紀元元年前後に大乗仏教が興起するころになりますと、インド人の常識も変わってきます。そのころには、人間界と畜生界のあいだに修羅《しゅら》界（阿修羅《あしゅら》界ともいいます）を設けて、輪廻の世界は六つになりました。しかし、釈迦の時代（紀元前六世紀のころ）は、輪廻の世界は五つでした。

そして村長は、死者は婆羅門のご祈禱によって天上界に生まれることができると信じています。これは婆羅門たちがそう言っていたのです。自分たちがご祈禱すれば、死者は天上界に生まれることができるのだ、と宣伝していました。当時の一般民衆は、みんなその宣伝に引っかかっていたのですね。

それに対して釈迦は、「それは違うよ」と教えられた。婆羅門たちに瞞《だま》されるな！　天上界に再生できるか、それとも地獄に堕ちるのか、それはその人が生前になした行為（業《ごう》）によるのだ。釈迦はそう教えられたのです。

このことは、こう考えていただくとわかるでしょう。

「5引く8はいくつですか？」と問われると、たいていの人は「マイナス3」と答えます。だが、小学一年生には、それは正解ではありません。まだ「マイナス」といった概念を学んでいないからです。だから、小学一年生には、「引けない」が正解になります。

それと同じく、釈迦は、死後の世界について「考えるな！」と教えたかった。だが、相手が小学一年生のレベルであれば、そう教えることはできません。だから、村長には、常識的な意味で、

「この世で善業を積んだ者は、来世は天上界に生まれることができる。悪業を積み重ねた者は、来世は地獄に堕ちる。だから、あなたがたは、しっかりと善業を積みなさい。そうすれば、来世の心配をしないでいいのだ」

と教えられたのです。そのように理解するとよいと思います。

輪廻転生は仏教と無関係

さて、ここでわたしは、いささか意表を突く発言をしたいのです。それは、

――輪廻転生は仏教の教えではない――

ということです。

世間一般では、仏教は輪廻を説いていると思われています。いや、わたし自身が、これまで仏教は輪廻を説いていると思っていました。

だが、よく考えてみると、それはちょっとおかしいのです。

なぜなら、釈迦の教えは、死後の世界について「考えるな!」であります。「考えるな!」ということは、死後の世界が「ある」とも言ってはいけないし、「ない」と言ってもいけないのです。

けれども、輪廻転生を認めることは、死後の世界が「ある」と言っていることになります。したがって、それだと釈迦の教えに反するわけです。

もっとも、先に述べたように、釈迦自身が輪廻転生について語っておられます。人は善業によって天上界に生まれ、悪業によって地獄に堕す、と。

しかし、それは、インド人相手だからです。当時のインド人は輪廻転生を信じています。いや、現在のインド人、二十世紀に生きるインド人も、大部分の民衆は輪廻転生を信じているで

しょう。釈迦はインドの民衆を相手に教えを説くとき、相手が在家の信者であれば、その相手の「常識」にあわせて教えを説かれました。

これは、現在でも大学教授たちはそうしています。大学教授は、少なくとも大学院クラスの学生を相手に講義するときは、専門用語を使って講義します。けれども、一般の人々を相手にするとき、あるいはテレビの番組で話すようなときは、聴衆のレベルにあわせて話をします。そうしないと、話の内容がわかってもらえません。

だから、釈迦世尊もそのようにされたのです。当時の民衆が輪廻転生を信じていたので、それを前提に話されたわけです。

しかし、釈迦の真意は、死後の世界について「考えるな!」です。

したがって、仏教は、輪廻転生を説いているのではありません。

これはこう考えるとよいでしょう。

当時のインドの民衆は、天が動くと思っていました。太陽や月、星が動いていると思っていたのです。これは、今日の言葉でいえば「天動説」になります。

そして、釈迦もインド人でしたから、やはり天が動くと思っておられたでしょう。〝日が昇る〟〝日が沈む〟といった言葉を、釈迦も使われたと思います。

だからといって、仏教は「天動説」を主張している——とはなりません。天動説か地動説か、といったことは、仏教教理と関係ありません。

同様に、輪廻転生ということも、仏教教理と関係ありません。わたしはそう考えています。あるいは、釈迦の時代、インドにおいては女性が差別されていました。いや、インドにかぎらず、昔はたいていの土地で「男尊女卑」の風潮が見られました。そのため、釈迦も、そのような風潮にあわせて発言しておられます。

しかし、だから、釈迦は女性差別主義者であり、仏教は女性を蔑視した教えを説いている――というのはおかしいと思います。

むしろ仏教のほうが、身分的な差別に反対していました。そのことは、原初仏教経典である『スッタニ・パータ』の、

《生れによりて婆羅門たるにあらず。生れによりて非婆羅門たるにあらず。行為によって婆羅門である。行為によって非婆羅門である》(六五〇)

といった言葉でわかります。釈迦の時代のインドには、婆羅門・クシャトリヤ・ヴァイシャ・シュードラといった身分差別(カースト制度)があったのですが、釈迦はそれを否定しています。

しかし、自己の思想の上では差別を否定していても、日常生活の中では当時の人々の社会通念に従う必要があります。早い話が、男女平等主義者であっても、男性トイレと女性トイレを

区別するようなものです。そうした区別を認めたから差別主義者である、とはなりません。そして、その必要な区別は、時代によって違います。現代の社会通念でもって過去の時代を裁いてはいけません。釈迦は差別主義者ではありません。わたしは声を大にして言っておきます。

過去を追うな、未来を求めるな

話を元に戻します。

輪廻転生は仏教の教理ではありません。釈迦が輪廻転生を説いたのではありません。輪廻転生は、言うならば婆羅門教・ヒンドゥー教の教義です。そして、婆羅門教・ヒンドゥー教はインド人の宗教です。釈迦をはじめとするインドの仏教者は、インド人であるかぎりこの婆羅門教・ヒンドゥー教の影響を受けます。われわれ日本の仏教者が、知らず知らずのうちに神道の影響を受けているのと同じです。だから、インドの仏教においては、輪廻転生が前提とされていますが、それはあくまで前提であって、仏教が輪廻転生を根本教義にしているのではありません。

釈迦が教えられたことは、あくまでも、死後の世界について「考えるな！」でありました。そのことははっきりしています。

ところで、ここのところに大きな問題があります。

それは、「考えるな！」と言われて、「はい、わかりました。考えません」となるでしょうか……？「考えるな！」と言われても、ついつい考えてしまうのがわれわれ凡夫ですよね。「考えるな！」を実践するには、すごい精神力を必要とします。わたしたちに、その精神力があるでしょうか？

じつは、その精神力を養うために、釈迦の弟子たちは修行をしたのです。仏教の出家者がする修行は、そうした精神力を養うためのものでありました。

釈迦はこう言っておられます。

《過去を追うな。
未来を願うな。
過去はすでに捨てられた。
そして未来はまだやって来ない。
だから現在のことがらを
それがあるところにおいて観察し、
揺《ゆら》ぐことなく動ずることなく、
よく見きわめて実践せよ。
ただ今日なすべきことを熱心になせ。

誰か明日の死のあることを知らん》（『中部経典』一三一）

わたしたちは苦しくなると、「なぜ、わたしがこんなに苦しまねばならないのだろうか?!あのとき、ああしておけばよかったのに……」と、過去の行為を悔《く》やんで繰《く》り言《ごと》を言います。そして、未来に怯《おび》えます。

しかし、過去を追っても、未来を求めても、それで現在が変わるわけではありません。それよりは、現在をしっかりと生きるべきです。釈迦はそう教えておられます。そして出家修行者たちは、過去と未来を捨てて、ひたすら現在を生きる修行を積んだのです。

そうすれば、死後の世界があるかないか、考えないでいられます。

また、後世に成立した禅仏教においても、現在を大事に生きることによって、死後の世界について「考えるな！」を実践しようとしています。

そういえば、江戸時代の臨済宗中興の祖とされている白隠禅師（一六八五—一七六八）におもしろいエピソードがあります。

あるとき、一人の武士がやって来て、白隠禅師に、

「地獄や極楽は本当にあるのですか？」

と尋ねます。しかし、白隠はその問いに答えず、武士をさんざんに愚弄しました。「おまえは武士のくせに、死ぬのがこわいのであろう。このヘナチョコ武士め！」と罵倒し、あげくは

武士に唾をはきかけるありさまでした。

で、武士は怒り心頭に発し、ついに刀を抜いて禅師に斬りかかります。

その刀をひらりとかわし、そこで白隠禅師は言いました。

「それ、そこに地獄がある！」

武士ははっと気がつきます。わが心の中に地獄がある、と。彼は禅師に詫びます。

「和尚、ありがとうございます。ご無礼の段、平にお赦しください」

と、平身低頭しました。

「それ、そこが極楽じゃ！」

白隠はそう教えました。

これが禅仏教です。

禅仏教においては、死後の世界――地獄や極楽――はわたしたちの心が勝手につくりだした妄想にすぎないとされています。わたしたちはそんな妄想に悩まされることなく、いま現在をしっかりと生きればよいのです。

中国、唐時代の禅僧の無業《むごう》和尚は、常に言いつづけていました。

《莫妄想《まくもうそう》》――妄想する莫《なか》れ――

と。この言葉は、釈迦の「捨置記」と同じものです。

阿弥陀仏にまかせる

でも、それにしても……。わたしたち在家の人間は困ります。「考えるな!」と教わっても、考えないでいる訓練などできません。ついつい死後の世界を考えて、不安になります。それに、テレビやマスコミが、「臨死体験」などといったいかがわしい番組をつくって、われわれを不安におとしいれます。われわれはどうすればいいのでしょうか……?

じつは、そのようなわたしたちのために、大乗仏教においては、

――浄土――

が説かれています。わたしたちは、ただ浄土を信ずればいいのです。

浄土とは仏国土です。ほとけの世界です。

大乗仏教では、さまざまな仏がいると考えられています。もっとも、大乗仏教においては、仏とは「宇宙仏」であって、宇宙そのものが仏であります。そして、その仏を宗派によってさまざまに呼びなしているのです。したがって、すべての仏は異名同体、一つの仏の呼び名の違いと考えたほうがよいかもしれません。

そして、仏の呼び名が違えば、その仏の国土(仏の世界、浄土)の呼び名も違ってきます。

たとえば、

阿弥陀仏《あみだぶつ》の浄土は……西方にあるとされる極楽《ごくらく》世界。
薬師仏の浄土は……東方の浄瑠璃《じょうるり》世界。
密教の仏である大日如来の浄土は……宇宙の中央にあるとされる密厳《みつごん》浄土。
釈迦仏の浄土は……霊山《りょうぜん》浄土。この浄土は、釈迦仏が『法華経』を説かれた霊鷲山《りょうじゅせん》（古代インドのマガダ国の首都の王舎城郊外にあるグリドゥラ・クータという山の漢訳名）を聖地と考えたものです。主として日蓮宗がこの浄土を信仰しています。

といった浄土があります。しかし、日本人にとっては、浄土といえば阿弥陀仏の極楽世界が有名です。浄土の代表としてよいでしょう。けれども、浄土イコール極楽ではありません。〝浄土〟は普通名詞で、〝極楽〟は固有名詞です。

さて、われわれは、死後にこの浄土に往き生まれます。それが「往生」です。いまは極楽浄土にかぎって話をすすめますが、阿弥陀仏は、その浄土である極楽世界に生まれたい者が、「南無阿弥陀仏」（阿弥陀仏よ、わたしをおまかせします）と称えるならば、必ず極楽浄土に迎えとってやる——と約束しておられます。わたしたちはその約束を信じて、ただ「南無阿弥陀仏」と称えればよい。そうすると、仏の不思議な力によって、わたしたちは浄土に往くことができるのです。

それが浄土の信仰です。

わたしたちがこの浄土を信じることができれば、われわれはなにも死後の世界についてあれこれ考える必要はありません。死ねばお浄土に往く——と思っていればいいのですから、不安もなにもありません。

そうすると、つまりは釈迦の教えられた「考えるな!」が実践できたのです。

浄土の信仰とは、こういうものだとわたしは思っています。

注意しておいてください。浄土の信仰は、浄土という名の死後の世界がある——と主張しているのではありません。ただ、阿弥陀仏にすべてをおまかせするのです。死後の世界があるかないか、人間には知りようがありません。だから、わたしは考えないでいます。どうか阿弥陀仏よ、おまかせします——と、まかせきるのが浄土の信仰です。

それができれば、楽でいいですよ。死後のことはなにも考えないでいいのです。のんびりと、ゆったりと生きられます。

それが釈迦の教えたかったことだとわたしは信じています。

11

業《カルマン》とは何か

——共業《ぐうごう》と不《ふ》共業《ぐうごう》——

輪廻転生説は差別の思想につながる

「先生は輪廻転生を否定されます。でも、わたしは、輪廻がないと困るんです」

そんなふうに言われた婦人がおられました。わたしが講師をしている研究会に来られた女性です。

「なぜですか？」と問うわたしに、彼女はこう説明をしました。

「わたしは女に生まれて損をしたと思っています。できるなら、男に生まれたかった。でも、それは言っても仕方のないことですから、せめて来世は男性に生まれたいのです。だから、輪廻があってほしいのです」

なんだかおかしな理屈ですが、わからないでもありません。しかし、わたしのほうでも困ってしまいます。その日の講義では、わたしは、釈迦は死後の世界について「考えるな！」と教えておられる、輪廻転生は釈迦の時代のインド人の常識であって、釈迦が輪廻を説かれたわけではない——と話しました。だから彼女に対して、まあ、タテマエはそうですが、ここはひとつあなたのために輪廻転生を認めましょう……と言うわけにはいきませんよね。

そこで、わたしは、彼女にこう言いました。

「かりに輪廻があるとして、あなたが来世に生まれ変わるとしても、運よく男性になれるかどうかわかりませんよ。ひょっとして、あなたはゴキブリに生まれ変わるかもしれません。あるいは蛇に。ゴキブリや蛇になったらどうします……？」

「それは困ります」

「あるいは、運よく人間になれたとしても、再び女性に生まれたらどうしますか……？」

「先生、そんなにいじめないでください」

「いや、いじめているのではありません。あなたが、輪廻があれば自分は男性になれると思っている、そのあなたの考えの甘さを指摘しているのですよ」

会話はそこで終わってしまいました。わたしの乗るべき電車が来たからです。

きっと彼女は、わたしのことを意地悪だと思ったでしょう。

けれども、輪廻の問題は、必然的に、

——業《ごう》と宿業《しゅくごう》——

の問題につながります。そして、それは同時に、

——差別——

の問題につながるのです。

それは、おわかりになりますよね。あなたは現世でいいことをしなさい、そうすると来世は男性に生まれますよ……と説けば、それじゃあいま女性に生まれたのは、過去世でわるいことをしたからだとなります。それはまちがいなく差別の思想です。わたしは、それはおかしいと思います。

わたしは、差別の思想は克服せねばならないと信じています。そのためには、輪廻転生といった考え方を、仏教の枠外に追い出す必要があります。輪廻転生を認めるかぎり、差別の思想が仏教のうちに忍び込んできます。それは明らかです。

この輪廻転生説が、釈迦が説いた、仏教のパラダイム（認識体系の枠組み）の中にないものであることを、わたしは前章に明らかにしました。ここではそれを承けて、業《ごう》の問題を検討しようと思います。

業とは行為とその余力である

さて、業の教説ですが、これは仏教のパラダイムの中にあるものです。仏教が仏教であるかぎり、業の教えを否定できません。

釈迦はまちがいなく業を説いておられます。前章にも述べたように、釈迦は、

——善因善果・悪因悪果（あるいは、善因楽果・悪因苦果）——

の法則性を認め、説いておられるのです。すなわち、いいことをすればいい結果（あるいは、楽の結果）が生じ、悪いことをすれば悪い結果（あるいは、苦の結果）が生じます。釈迦がそう言っておられるのだから、われわれもこれを認めねばなりません。

そうすると、これは差別の思想になりませんか……？　なりますよね。ここに輪廻の考えを加えると、これは完全に差別の思想です。現在のわたしのあり方を、過去世におけるわたしの業でもって説明するのは、まちがった差別の思想です。

では、釈迦は、そんなまちがった差別の教えを説かれたのでしょうか？　「ノー」です。わたしは、そんなことはないと信じます。なぜなら、釈迦は輪廻というものを考えておられなかったからです。ただし、当時のインドの庶民は輪廻を信じていました。だから、そうした庶民を相手に教えを説かれるときは、その庶民の常識を前提に説いておられます。そのため、一見、釈迦が輪廻を説かれたかのように見えますが、それは違うのです。釈迦の教えは、死後の世界

について「考えるな！」であったのです。

したがって、わたしたちは、輪廻というものを括弧の中に入れて、「業」の教理を考えるべきです。

そもそも「業」とは何か？　それを考えてみましょう。

「業」はサンスクリット語で〝カルマン〟といいます。そして、これは「行為」といった意味です。

ところで、わたしたちがなんらかの行為をします。たとえば、他人をぶん殴るとか、誰かに「好きだよ」と言います。つまり、業をつくったのです。で、この業は絶対に消えてなくなりません。

ぶん殴られた人は、ぶん殴ったわたしに憎しみを感じます。ただ、その瞬間には相手はわたしに仕返しができないので（わたしのほうが力が強いから）、黙っているかもしれません。けれども、相手の心のうちにはわたしに対する憎しみが残ります。その憎しみは消えてなくなりません。まあ、相手がそれを忘れてしまうこともあります。でも、忘れたところで、潜在意識に残っています。また、わたしのほうにも、「彼を殴った」という意識はいつまでも残っているのです。

あるいは、わたしが彼女に「好きだよ」と言えば、その言葉は彼女のうちにいつまでも残ります。そして、わたしはその言葉の責任をとらねばなりません。それが業（行為）というもののあり方です。

で、仏教では、その「消えてなくならないもの」、あるいは「責任をとらされるもの」といった力をも業と呼ぶのです。つまり、これは、

——行為の余力——

です。したがって、業とは、「行為」であると同時に「行為の余力」を意味します。

これは、酒やたばこの例で説明するとわかりいいかもしれません。

われわれが一杯の酒を飲みます。すると、体内に吸収されたアルコールがもう一杯の酒を要求します。最初の酒を飲まなければ、あんがいわたしたちは酒を飲みたいと思わないものです。しかし、一杯を飲むと、ますます飲みたくなります。そして、二杯目の酒は三杯目の酒を要求します。

「一杯目は人が酒を飲み、二杯目は酒が酒を飲み、三杯目は酒が人を飲む」

と、古人は言っています。そのように、酒を飲むという行為には、必ず行為の余力があります。その行為と行為の余力を含めて、仏教では業と言います。

たばこも同じです。

いや、たばこと酒は比較になりません。酒は飲み方によってはプラスもありますが、たばこはマイナス（有害）だけです。百害あって一利なしがたばこです。そして、酒はあまり他人に迷惑をかけませんが、たばこは他人に迷惑をかけます。

にもかかわらず、なぜ人がたばこをのむかといえば、それはたばこに次のたばこをのませる力があるからです。たばこをのむことによって、次のたばこをすいたくなる欲望がつくられます。その欲望を充たすためにたばこをすいますが、それはさらに次のたばこをのみたくなる欲望を生産しているのです。

まさにたばこは、仏教の業の理論を説明するためにあるかのようです。業の怖ろしさをよく示しています。

業が熟するということ

さて、業は消えません。いったんつくった業を、なかったことにすることは不可能です。業の余力はいつまでも残ります。

だが、その業の余力がいつ表面に出てくるかといえば、時間のずれがあります。

わたしが誰か他人を殴ります。その人が腹を立てて、すぐにわたしに殴りかかってくるかもしれません。そのときは、業の余力がすぐに表面化したのです。いわゆる業の報いを受けたわけです。

だが、わたしに殴られた相手が、そのときは、「ありがとうございました。よくぞわたしを殴ってくださいました」と言って、わたしに殴られたことを感謝するかのような素振りを見せるかもしれません。そして、十年後、二十年後に、わたしに仕返しをするかもしれない。そうだとすれば、その業の余力が表面化するまでに十年、二十年の時間があったことになります。それ故、わたしは、それが十年、二十年前の業の報いだということがわからないかもしれません。

このことを、釈迦は次のように言っておられます。

《悪が熟さないうちは、たとえ悪人であっても幸福を経験する。しかし、悪が熟せば、悪人は禍《わざわ》いにあう。

善が熟さないうちは、たとえ善人であっても不幸を経験する。しかし、善が熟せば、善人は幸福にあう》(『法句経』一一九、一二〇)

ここでは、

——熟する——

といった言葉が使われています。業というものを考えるとき、これは重要な概念です。

たとえば、たばこはがんの原因になります。しかし、三十年、四十年、たばこをのみつづけていてがんにならない人もいます。だからということで、たばこをやめない人が多いようです。

　これは、こういうふうに考えるべきでしょう。

　たばこをのんだという業ががんになって発現するのに、その業の許容量に個人差があります。たとえば、ある人はぐい呑みのような容器、別の人は湯のみ茶碗ぐらい、また別の人はガラスのコップ、さらに別の人はビール・ジョッキだとします。たばこの有害物質は、本数分だけ蓄積されます。そして、その容れ物の許容量を超えて、ちょうど水が外にこぼれるような状態になったとき、その人はがんになると考えてください。それ故、ぐい呑みの人はすぐにがんになります。ビール・ジョッキの人は、なかなかがんになりません。でも、あなたはいまはまだがんになっていないにしても、もう九十九パーセントまでたまっているかもしれません。外にこぼれてみないとわからないから、俺はがんではないぞと安心しているだけです。実際は、明日にでもあなたはがんになるかもしれないのです。

　これが「熟する」という考え方です。

　業というものにはこの「熟する」という側面があるから、なかなかわかりにくいのです。

　そして、業は消すことができません。

　では、どうすればよいのでしょうか……？

　じつは、わたしたちは、反対の業をつくるよりほかないのです。たばこを何十年ものんだ人は、のまなかった状態にするなんてことは不可能です。その人にできることは、これ以後「たばこをのまない」という業をつくることだけです。他人を殴った人は、その他人を愛する、その他人にやさしくするという業を積み重ねていくことをする。そうするよりほかにやりようがないのです。

私事で恐縮ですが、わたしは三十年ほど昔、一日五十本というヘビー・スモーカーでした。それで禁煙を決意しましたが、そのとき、仏教的にやめる方法を考えました。すなわち、業の理論にもとづいてやめる方法です。

業の理論によるなら、わたしが一日に五十本もたばこを吸っている事実は消すことはできません。わたしにできるのは、たばこをのまないという業をつくることだけです。ですからわたしは、約半年のあいだ、常にたばこを手に持って、

「いまは〝吸わない〟という業をつくっているのだ」

と自分に言い聞かせていました。わたしの場合、このやり方が有効だったようです。

たばこをやめよう――という考え方は、すでにつくった業を消そうとすることではありません。そういう考え方は、仏教の業の理論からすればおかしいのです。仏教の考え方は、「たばこを吸わない」という業を新たにつくることだと思います。

ついでに言っておきますと、仏教者はやはりたばこをやめるべきです。と言えば、仏教には

「不喫煙戒」なんてないぞ、と反論される人がおいでになるでしょう。それなら、仏教には「不飲酒戒」があります。その「不飲酒戒」を守っておられるのであれば、わたしも文句は言いません。だが、酒も飲みながらたばこも吸うというのでは、お釈迦さまに悪いではありませんか。酒を飲まれる人は、たばこをやめてください。どちらか一つにすべきです。わたしはそう思いますね。

自業自得をどう考えるか

さて、業の理論に関しては、もう一つ大事なことがあります。わたしは、この点が忘れられているので、あるいは曖昧にされているので、現在の日本においては仏教の業の思想が差別につながっているのだと考えています。

じつは、仏教の業の理論においては、
——共業《ぐうごう》・不共業《ふぐうごう》——
の区別がなされています。共業とは共通の業で、不共業とは個人の業だと思ってください。酒を飲むという行為は、だいたいにおいて不共業です。酒を飲んだ人が酔っ払うのです。そして、肝硬変になるのも、酒を飲んだ人です。Aさんが酒を飲んで、Bさんが酔っ払った、ということはありません。

ところが、たばこになるとちょっと違います。たばこも基本的には不共業ですが、あの煙は他人にも害を与えます。たばこをのんだ本人ががんになるのはその個人の責任ですが、父親や母親がたばこをのむために、その家の子どもが小児喘息になります。あるいは、虚弱体質になる。副流煙によるのです。これをどう考えればいいのでしょうか……?

問題が厄介なのは、仏教の業の理論が、

——自業自得——

を原理としているからです。自分がつくった業の報いを自分が受けます。Aさんの業の報いをBさんが受けるわけがありません。

このことは釈迦が力説しておられることです。

釈迦が教えられた業の理論は、

1　業の余力は消えてなくならない。

2　善因善果・悪因悪果(あるいは、善因楽果・悪因苦果)の法則性がある。

3　自業自得。

の三原則になるでしょう。仏教が仏教であるかぎり、この三原則は崩せません。

だから、たとえば、遺族が法事を営んだところで、死者が助かるわけではありません。日本では、遺族が死者のためにする法事を追善供養と呼んでいます。死者のために「善因」を追加してやろうというものですが、釈迦ははっきりとそれを否定しておられます（そのことは前章に述べました）。仏教では、あくまで自業自得でなければなりません。釈迦が現代日本の仏教を見られたら、

「こんなものはわたしの教えではない！」

と、言下に否定されるに違いありません。現代日本の仏教は、まことにおかしなものになっています。溜め息をつきたくなります。

だとすれば、親がたばこを吸って、子どもが病弱になるのをどう説明しますか……？　これは、仏教の自業自得に反しますよね。

業の「単位」

「親の因果が子に報い」――

といった言葉があります。昔、縁日の見世物小屋に、

「三メートルの大イタチ」

「ろくろ首の女」

というのがありました。金を払って小屋に入ると、三メートルほどの板に血が塗られています。「板血《いたち》」なんです。ろくろ首の女は一種のからくりです。そして、そのろくろ首の女が登

場するときの口上が、

「親の因果が子に報い、あわれなろくろ首の女でございます」

でした。わたしはこうした見世物小屋を見た記憶があるのですが、ひょっとしたら伝聞体験かもしれません。

それはともかく、この「親の因果が子に報い」はまちがいです。これは仏教の考え方ではありません。だって、仏教は自業自得を言っているのですよ。親の因果（業）が子に報いるわけがありません――。

と、昔はわたしはそう考えていました。そのように自著に書いたこともあります。また、大勢の仏教学者がそのように解説しておられます。

だが、最近、わたしは重要なことに気がつきました。

それは、業の理論を考えるとき、われわれは、

――単位――

を忘れてはならない、ということです。

「単位」というのは、われわれは個人を単位とする業を考えているのか、集団を単位とする業を考えているのか、それをはっきり区別せねばならないのです。そして、個人を単位とする業は不共業です。集団を単位とする業は共業になります。

個人を単位とする業――不共業――であれば、自分は自分で他人は他人です。自分と他人は別個です。Aさんの業がBさんに及ぶことはありません。

だが、集団を単位とする業――共業――は、集団を一つのまとまりと考えます。たとえば、家族が一つの単位になります。したがって、A家の業はA家全員のものです。そして、A家の業がB家に及ぶわけがありません。A家という一つのまとまりについて、自業自得の原則が適用されます。

そうだとすれば、親の喫煙が子どもの病弱という報いになることも理解できるでしょう。A家の一員が喫煙すれば、A家の全員がその報いを受けます。それ故、喫煙という行為（業）は、まさに家族に対する愛情のなさを証明するものです。

「俺がたばこをのんで、俺が肺がんになればいいんだろう……」

と言う人がいますが、それはまちがいです。家族の業は家族全員の業だということを忘れないでください。

そうだとすれば、飲酒だって、完全に個人の業（不共業）とはいえません。酔っぱらうという行為（業）だけでいえば、それは不共業でしょう。でも、飲酒によって家庭経済が赤字になると、家族の全員が困ります。その意味では、共業の側面があるのです。

どうやら現代人の業の理解の仕方は、あまりにも個人主義的です。もっと共業の側面を見るべきではないでしょうか。

そこで、われわれは、共業というものを基本にして、その中での個人の問題を考えてみましょう。

社会全体が負うべき業

たとえば、交通事故です。現在の日本は自動車社会です。一家に一台の自動車というより、農村部に行けば一人に一台の自動車があると言われています。たしかに、わたしのように都会に住んでいる者には自動車がなくて平気ですが（わたしも妻も運転免許を持っていません）、農村では自動車なしで生活できないでしょう。

ところで、自動車が増えると、交通事故も増えます。そして、事故死する人も増えます。たぶん、自動車の台数の増加に正比例して死者の数も増えるでしょう。

これが業です。自動車の台数の増加という業が、事故の死者が増えるという結果をうみだします。

だが、これは共業です。ここでは日本人全体が単位になっています。日本人全体で自動車の増加という業をつくり、日本人全体で事故死の人数の増加という結果を受けとるのです。日本人全体という単位で自業自得になっています。

これを個人の業（不共業）と考えてはいけません。すなわち、交通事故に遭った人を、あの人は先祖供養を怠っているからそういう目に遭ったのだ、と判断するのはまちがっています。交通事故による死亡は、日本人全体の業なんです。

もっとも、日本人全体の業だとしても、日本人の全員が死ぬわけではありません。日本人のうちの何人かが死にます。いや、正確に言えば、そのうちにはたまたま日本に来訪した外国人も含まれています。では、いったい誰が死ぬのでしょうか？

じつは、それは、

——デタラメ——

なんです。

ここに業の理論の難解さがあります。日本人全体（共業）としては「自業自得」の法則性が成立しますが、個々人（不共業）としてはデタラメになる。そう考えるべきです。

これは確率論の問題ですね。大きな袋の中に百個のパチンコ玉を入れておきます。そして、それをよくまぜて、中から一個を取り出す。それが百分の一の確率です。あるいは、歳末大売り出しの福引きを考えてもらうとよい。ガラガラと抽籤器を回して、中から緑色の特等賞の玉が出てくる確率です。これはデタラメなんです。あなたが先祖供養をしているか否か、あなたが善人か悪人か、そんなことはいっさい無関係です。そうでないと、抽籤はインチキになります。

ここのところが重要です。

これまで仏教学者は共業・不共業の差をよく考えてこなかった。共業は集合体全体について考えるべき問題で、その集合体の一人一人の個人に対しては当てはまりません。共業の理論を個人の業（不共業）に当てはめたとたん、それはインチキになります。だから、インチキ宗教は、あなたが先祖供養をしていないから、こういう罰が当たったのだと、まったくインチキな理窟で人々を脅すのです。Aさんが交通事故で大怪我をした、Bさんが飛行機事故で死んだ、それらの現象は共業ですから、AさんやBさんといった個人については、それらはデタラメなんです。

仏教学者は、共業に関するかぎり、個人にとってはその業の報いは自業自得ではない、デタラメなんだ――と説くべきです。交通事故は日本人全体の業なんですから、その業の報いは日本人全体で受けるべきです。そうすると、ある特定の人が交通事故に遭われたのは、その人は日本人全体の業を受けてくださった犠牲者になります。

これが正しい業の考え方です。

これまでわたしたちは、社会全体で責任を負うべき共業の問題を、個人の不共業に押しつけてきたように思います。たとえば、未成年者による犯罪です。いや、成人による犯罪も同じです。もちろん、一つ一つの犯罪は不共業であって、個々の犯罪者に責任があります。そのことを認めた上で、なおかつ社会全体の歪みといったものがあることをわたしは言いたい。そして、それは共業だから、社会全体が責任を負うべきです。わたしはそのように考えています。

12 仏教の見方革命
―大乗仏教の根本―

インサイド・アウトの視点

飛行機のパイロットは、二つの視点でもって飛行機を操縦するそうです。すなわち、

――インサイド・アウトの視点とアウトサイド・インの視点――

です。飛行機が離陸するときは、パイロットはインサイド・アウトの視点で見ています。飛行機の内側（インサイド）から外部（アウト）を見るのです。これは、自動車を運転するときと同じです。滑走路を走っている飛行機は、大きな自動車のようなものですから、同じなわけです。

だが、飛行機が上空に達して水平飛行に入ると、もはやインサイド・アウトの視点は不必要です。こんどは宇宙の外側に自分の視点を置いて、自分はいまどこを飛んでいるかを確認しつ

つ操縦します。つまり、外側（アウトサイド）から自分の飛行機（イン）を見ているのです。そして、次に着陸するときは、再びインサイド・アウトの視点になります。

なかなか興味ある話です。

わたしはこの話を教わったとき、仏教者の視点といったものを考えました。すなわち、仏教者の視点はアウトサイド・インでなければならないと思ったのです。

自動車の運転手は離陸、着陸のときのパイロットと同じく、インサイド・アウトの視点で外部世界を見ています。じつをいえば、わたしは自動車の運転ができない（ついでに言えば、ワープロもできないし、たばこも吸わない、ゴルフもスキーもやりません。環境庁長官から表彰されて然るべき）天然記念物的人間です。が、それでもだいたいの見当はつきます。このインサイド・アウトの視点だと、外部世界にあるものすべてが、

――邪魔物――

になってしまいます。前をのろのろ走っている自動車は邪魔です。〈もっと速く走れ！〉と思ってしまいます。後続車も邪魔。追突される心配があります。対向車も邪魔です。それに信号も邪魔物です。さらに、歩行者も邪魔者（いや、邪魔物）です。

どうしてもこういう見方になってしまうのです。

そして、これが、わたしたちの日常的なものの見方です。わたしたちは、どうも他人を「邪魔者（邪魔物）」と見ているのです。ここに大きな問題点があります。

「生かされているわたし」の認識

英語の〝ライヴァル（rival）〟の語源は、ラテン語の〝リーヴァーリス（rīvālis）〟で、「同じ川の流れを共同で使う者」の意味です。それ故〝ライヴァル〟は、古くは「同僚、仕事仲間、相役」といった意味に使われていました。それがのちには「競争相手、対抗者、敵手」になったのです。

同じ川の水を使う者は、本来は仲間でなければなりません。互いに助け合って生きる仲間であるはずです。

だが、インサイド・アウトの視点で見れば、同じ川の流れを使う人間がみんな邪魔者になってしまいます。早い話が、受験者が一人でも多くなると、それだけわたしの合格する確率が減ります。他人はいないほうがいいのです。入社試験も同じです。そして会社に入れば、仕事仲間はライヴァルです。課長になり部長になれるチャンスは、優秀な人間がいるとそれだけ減少します。かといって優秀でない仲間も困りものです。彼らの無能力さが会社全体の利益を減少させ、その結果わたしの給料が少なくなるからです。ひどい場合は会社が倒産し、わたしは職を失います。優秀な者も、優秀でない者も、ともに邪魔者です。それがインサイド・アウトの見方です。

いま日本では、このような見方が一般的です。みんな自分を中心に、インサイド・アウトの視点で他人を見ています。

もちろん、このインサイド・アウトの視点が不要だと言うのではありません。インサイド・アウトの視点がなければ自動車の運転ができないのと同じく、インサイド・アウトの視点なしでわたしたちが社会に生きることはできません。それがいかなる社会であれ、わたしたちが社会に生きるにはインサイド・アウトのものの見方が必要です。ましてや、誰も彼もがエゴイストになってしまっている現代日本社会においては、インサイド・アウトの視点がないと、一日たりとも生きることは不可能でしょう。

それはそうですが、しかし、わたしたちは同時にアウトサイド・インの視点も持ちたいものです。

大きな大きな宇宙（アウトサイド）のほうから、わたし（イン）という存在を見る視点です。

仏教者にとっては、それは、

——大きなほとけの宇宙の中に生かされているわたし——

といった認識です。

わたしが生きているのではなしに、わたしはほとけの宇宙の中に生かされているのです。それが仏教者の認識です。

そのような視点が欠如しているから、現代日本の社会は殺伐としているのです。わたしはそのように考えています。

縁の構造

「情けは人のためならず」

といったことわざがあります。これを、わたしのような世代の人間は、

《人に同情することは決して他人だけを益することではない。情けを人にかけておけば、その善い報いはめぐりめぐって自分にくるものだ。人に親切にしておけば必ずよい報いがある》

(『故事・俗信・ことわざ大辞典』小学館)

と教わってきました。

ところが、若い世代の人たちの解釈は違っています。

彼らは、なまじ人に情けをかけると、その人を甘やかし、駄目にしてしまう。だから、情けはその人のためにならない。情けをかけるな——と解釈しています。まるで、百八十度も違った解釈です。

じつは昔、わたしは、世代の違いによるこの解釈の差をアメリカ人に話したことがあります。日本語のよくできるアメリカ人でした。そうするとそのアメリカ人は、

「若い人たちの解釈は納得できる。しかし、あなたが言う、その〝めぐりめぐって自分のところに返ってくる〟といった解釈は、わたしには理解できない。なぜ、そういう解釈が成立するのか、教えてほしい」

と言います。わたしはいささかびっくりしました。他人に親切にしておけば、それがめぐりめぐって自分のところに返ってくる――というのは、わたしにすれば自明のことと思っていたからです。

しかし、まあ、その質問にわたしはこう答えました。

「いいかい、AがBに親切にする。そしてBがCに、CがDに親切にし……、XがYに、YがZに、ZがAに親切にするよね。そうすると、AはBという他人のために親切にしているわけだけど、それがのちにはZからAに返ってくる。したがって、自分のためだ。他人のためじゃなく、自分のためなんだよ」

だが、きわめて明解な（そうですよね）このわたしの解説に対して、アメリカ人はなおも「わからない」と言います。そして、

「でも、それじゃあ、たとえばEがFに親切にするということを、いったい誰が保証してくれ

るのだ?! もしもEが親切にしなければ、そこで〝めぐりめぐって〟の輪が切れてしまうではないか?! そうすると、Aに返ってこない。その輪の完成を保証するのは誰なのか?」

と訊いてきました。

その瞬間、わたしは気がつきました。

ここには、誰も保証する者はいません。

けれども、わたしたちは、この世の中は「めぐりめぐって」といった構造になっていると信じているのです。

わたしはのちに、このような構造を、

――縁の構造――

と名づけました。すなわち、

〈縁の構造〉

A→B→C→D……L→M

Z←Y←X←W……O←N

といった構造です。この世の中は、この世界は、この宇宙は、このような「縁の構造」になっていると、わたしたちは知らず知らずのうちに教わり、そう信じています。だから、「情けは人のためならず」といったことわざを聞くと、ああ、他人への親切がめぐりめぐってわたしに返ってくるのだな……と思うのです。

この「縁の構造」がアウトサイド・インの視点です。

だが、インサイド・アウトの視点で見ているアメリカ人や現代日本の若者たちにはこの「縁の構造」がわかりませんから、「情けは人のためならず」と聞かされると、甘やかしてはいけない、情けをかけるな、と思ってしまうのです。

良縁・悪縁・腐れ縁

インサイド・アウトの視点で見れば、他人は邪魔者です。そして、わたしたちは他人と競争することになります。

だが、アウトサイド・インの視点で見れば、この世の中は「ご縁の世界」です。わたしたちはその「ご縁の世界」に生かされているのです。

前に(第九章)述べたことを思い出していただくなら、インサイド・アウトの視点だとこの世は「弱肉強食の世界」になります。アウトサイド・インの視点だと、「まんだら大宇宙」になります。そして仏教者は、この世を「まんだら大宇宙」と見るべきです。ということは、仏教者の視点はアウトサイド・インでなければなりません。

とはいえ、勘違いしないでください。仏教者がインサイド・アウトの視点を持ってはならない——と言っているのではありません。飛行機のパイロットだって、離陸するまではインサイド・アウトの視点が必要です。仏教者だって、日常生活を送るにはインサイド・アウトの視点が必要です。

ただ、仏教者は、インサイド・アウトの視点だけであってはならない。それと同時に、アウトサイド・インの視点を持っていなければならないのです。この世は「ご縁の世界」であり、「まんだら大宇宙」なんだ、といった認識を持つべきです。いや、そういう認識を持ったとき、その人が仏教者なのです。

それから、「ご縁の世界」と言ったとき、わたしたちはいい縁、良縁ばかりを考えてしまいます。けれども、実際は、良縁もあれば悪縁もあります。腐れ縁というものだってあります。そのことを忘れないでください。

じつは、この点に関して、ちょっとしたおもしろい(?)出来事がありました。

インドに行ってインド人相手に仏教の講演をしたとき、わたしは、

「日本では、学校はもちろん、家庭においても真の宗教教育がおこなわれていない。学校の先生も親たちも子どもたちに、〝他人に迷惑をかけるな!〟と、まちがったことを教えている」

と話しました。わたしの発言をインド人はすぐに理解してくれましたが、そばにいた日本人

が怪訝《けげん》な顔で、

「どうして〝他人に迷惑をかけるな！〟と教えてはいけないのですか?!　そう教えるのが正しいのではありませんか?!」

と尋ねるのです。そこでわたしは、「じゃあ、インド人に訊いてごらん。インドでは子どもたちにどう教えているか？　と」と言って、インド人に答えてもらいました。

「わたしたちは子どもたちに、〝あなたがたは他人に迷惑をかけているのですよ〟と教えています」

インド人は、そう答えてくれました。

じつは、これが本当の宗教教育なのです。わたしたちは他人に迷惑をかけている。それを他人に赦してもらっている。だから、わたしたちも他人から受ける迷惑を赦さねばならない。そう教えるのが正しいのです。

「他人に迷惑をかけるな！」と教えると、自分が他人にかける迷惑はほんの少しだ。しかし、あいつは俺にこんなに迷惑をかけている。けしからん！　と、インサイド・アウトの視点で他人を見るようになります。それでは宗教心になりません。

わたしたちはアウトサイド・インの見方をすべきです。わたしは他人に迷惑をかけているのだ。それを赦してもらっている。その自覚を持つのが宗教者・仏教者だと思います。

憎しみも一つの縁

わたしたちは他人に迷惑をかけています。あなたが存在することによって、地球上の酸素は確実に一人分少なくなります。食糧だって少なくなる。満員電車にあなたが乗れば、それだけスペースが少なくなり、みんなに迷惑になります。

定員を上回る志願者のいるとき、あなたが大学に合格すれば、合格できなかった人が確実に一人いるのです。あなたが会社に就職できたとき、誰か一人は就職できなかったのです。だから、あなたは大学に入ってはいけない、就職してはいけない、と言っているのではありません。ただ、あなたが他人に迷惑をかけている――といった認識を持ってほしいのです。

こんな話があります。嫁と姑との対立です。

〈こんな嫁とはもう一緒に住みたくない〉と思った姑が、自分の財産を持って老人ホームに入りました。老人ホームで、一生、嫁の悪口を言いつづけるつもりでした。また、それだけの材料は十分にあると思っていました。

老人ホームの仲間は、最初はこの新入生を歓迎し、彼女の愚痴を聞いてくれました。だが、ものの一カ月もすれば、仲間たちは、

「もうその話は聞いたよ」

と、彼女の話にそっぽを向きます。嫁の悪口を一生言いつづけるだけのネタを仕込んで来たはずなのに、それほど話題がないわけです。

彼女は気がつきました。憎い——と思っていたその憎しみも、大事な縁であったことに。わたしたちは人を憎みます。しかし、その憎むという感情も一つの縁——人間関係——です。憎みもしないし愛しもしないというのは無関係です。そうなると、他人は邪魔者になってしまいます。インサイド・アウトの視点です。それよりは、まだ憎しみの関係を持っていたほうがよいでしょう。

姑が老人ホームに入ったのは、嫁と無縁になりたいと思ったからです。そのとき彼女は、嫁を邪魔物にしています。それが彼女の失敗です。彼女は、嫁を憎むことができるのも、ほとけさまからいただいたご縁だと思って、そのご縁を大事にすべきであったのです。つまり、アウトサイド・インの見方をすべきでした。その視点を持っていれば、少しずつ嫁との関係を修復できたでしょうに……。

愛は煩悩であり束縛である

じつは、ここのところに小乗仏教と大乗仏教の考え方の差があります。

小乗仏教は、わたしたちが住んでいる世間をインサイド・アウトの視点で見ています。そうすると、基本的には他人は邪魔者になってしまうのですが、そのような他人ではなしに、それが身内の人間だとしましょう。つまり、自動車の外にいる歩行者ではなしに、助手席・後部座席に乗っている同乗者だとします。その同乗者（身内）に対しては、たぶん、

——愛——

がありますね。歩行者は邪魔者ですが、同乗者は愛する人です。

ところで、小乗仏教の経典である『ダンマパダ（法句経）』は、この点に関しておもしろいことを言っています。

《愛より憂い生じ、愛より怖れ生ず。愛を離れれば憂いなし、なんぞ怖れあらん》（二一二）

ここで〝愛〟と訳した言葉は、原語のパーリ語で〝ピヤ（piya）〟です。これは自分自身および自分と血縁関係のある者に向けられた愛です。そして『ダンマパダ』は、この〝ピヤ〟を別の四つの言葉に置き換えて、同じことを繰り返し述べています。すなわち、

ピヤ（piya）……血縁的愛情。

ペーマ（pema）……血のつながらない人に向けられた愛情。

ラティ（rati）……特定の人間（たとえば恋人）に向けられた愛情。

カーマ（kāma）……肉体的・セックス的な愛情。

タンハー（taṇhā）……執念、執着となった愛情。

です。これらが愛の諸相です。このいずれの愛も憂いと怖れをもたらすものです。それが『ダンマパダ』の見方です。

たしかにそうですね。親は子を愛するが故に、わが子が落ちこぼれになることを憂え、またわが子の死を怖れます。愛は憂いと恐怖をもたらします。

いや、愛は、本質的に煩悩です。

わたしたちは、たいていの場合、自分の勝手な都合で他者を愛します。自分にとって都合のいい人、自分に利益になる人は愛しますが、自分の不利益になる者、嫌いな人を愛することはなかなかできません。

また、愛は、愛する対象を束縛します。その人が自分の恋人だと思えば、その恋人を支配したくなります。自分に隷属させたくなります。これは子どもに対しても同様です。いや、子どものほうからしても、親を自分の好きなように動かしたいのです。

さらに、愛は憎しみと隣り合わせです。まったくの他人であれば気にならないことなのに、愛する者が同じことをすれば、われわれはそれを許せません。そして、愛するが故に、あるいは愛したが故に憎むようになります。

愛とはそういうものです。

そこで、小乗仏教では、われわれに、

――愛するな！　愛を離れよ！――

と教えています。つまり、出家をして世間の柵《しがらみ》の外に出ろ、というのです。

大乗仏教の解決法

この小乗仏教の考え方は、先程の老人ホームに入った姑と同じ解決法です。

もちろん、姑はたんに嫁との柵を離れようとしたのです。しかし、嫁との柵を断っても、老人ホームに入ればまた新しい人間関係の柵が出来ます。したがって、根本的な解決法にはなっていません。

小乗仏教は、それに対して、いっさいの柵を離れよ！　世間そのものを飛び出せ！　と教えています。だから、姑のやり方と同じではありませんが、ただ嫁に対してだけは、姑は、嫁との縁を切るという小乗仏教的解決法をとったわけです。

ところで、大乗仏教です。

大乗仏教は、このような小乗仏教のやり方を嗤《わら》います。それじゃあ、なにも解決されていない、と。

もちろん、出家者はいいのです。出家者は完全に世の柵を捨てた人です。出世間の人間です。だから、問題は解決されています。

けれども、在家の人間は、そうはいきません。

あの姑がそうであったように、嫁との縁を切ったところで、ほかにいっぱい縁があります。老人ホームに入れれば、また新たな縁をつくってしまいます。小乗仏教的やり方では、すべての縁を切らねば問題解決にならないのですから、在家の人間にはそのような解決方法は使えません。

そこで大乗仏教は、そのような在家の人間のために大乗仏教的解決法を考案してくれました。その解決方法は、この世間をアウトサイド・インの視点で見ることです。

わたしたちの住んでいる世界をアウトサイド・インの視点で見るなら、この世界は、

――まんだら大宇宙――

です。あるいは、「ご縁の世界」「ほとけの世界」です。

そして、わたしたちはその「まんだら大宇宙」に生かされています。さまざまなご縁をいただいて、「ご縁の世界」に生かされているのです。

そのような世界認識を持つのが大乗仏教の解決法です。

ものの見方の革命

わたしは、大乗仏教というものは、本質的に、

――見方革命――

を教える宗教だと思います。わたしたちは日常生活においてインサイド・アウトの視点で世間を見ています。それをアウトサイド・インの視点で、ほかならぬこの世間が「まんだら大宇宙」であり「ほとけの世界」「ご縁の世界」であると認識できたとき、わたしたちは大乗仏教の教えを学んだことになるのです。

でも、わたしがこう言えば、たぶん物足りない読者がおられるでしょう。ナンダ、見方ダケ変エレバイイノカ?! ナンノ実践モ要ラナイノカ?! そう思われるかもしれません。

大乗仏教というものは、基本的に在家信者のための仏教です。ですから、出家でなければできないような修行は、大乗仏教には不必要です。その意味では、なんの実践も要らないのです。

つまり、見方革命ができれば、それでいいのです。

けれども、その見方革命は、ただ黙って座視していたのでは不可能でしょう。

そのためには、

――布施と忍辱《にんにく》――

の実践が必要です。

この二つについてはすでに解説してあります。あらためての解説は不要でしょうが、

布施とは……こだわりのない心で施しをすること。

忍辱とは……他人から受ける迷惑をじっと耐え忍ぶこと。

です。もちろん、われわれは、この「まんだら大宇宙」の中で他の生きとし生けるものからの布施を受けて生かされているから、わたしたちも布施をさせていただくのです。また、わたしたちはこの「ご縁の世界」の中で他の生きとし生けるものに多大な迷惑をかけており、それを赦してもらっているから、わたしたちも他から受ける迷惑をじっと耐え忍ばせていただくのです。

ということは、わたしたちがこの世を「まんだら大宇宙」と認識したとき、その認識にもとづいて布施と忍辱の実践ができるわけです。

そして同時に、その布施と忍辱の実践によって、わたしたちはこの世を「まんだら大宇宙」と認識できるのです。

その意味で、認識と実践は相互に依存しています。認識によって実践が可能になり、実践によって認識が深まります。そうして、認識と実践を繰り返しつつ、わたしたちは、

——真の仏教者——

になれます。わたしたちは真の仏教者への道を歩みましょう。

だが、誤解しないでください。真の仏教者とは完全な人間ではありません。

いや、むしろ不完全な人間です。仏教の言葉でいえば凡夫です。

しかし、凡夫が一歩一歩、真の仏教者を目指して歩みつづけるなら、その歩みつづける存在が菩薩《ぼさつ》です。菩薩は求道者です。

したがって、真の仏教者とは菩薩です。

わたしたちは菩薩になりましょうよ。菩薩の精神こそ大乗仏教の精神です。

（本書は小社刊『季刊仏教』no. 36～no. 48に連載の「仏教の栄光のために」をまとめたものです）

ひろさちや
1936年大阪生まれ。東京大学文学部印度哲学科卒業、同大学院博士課程修了。気象大学校教授を経て、現在、評論家、大正大学客員教授。仏教を学び実践する「まんだらの会」を主宰。大乗仏教の真髄を、平易かつユーモア溢れる文章と明晰な論理で語り、数多くのファンを持つ。
著書に『わがふるさと浄土』『釈尊と十大弟子』『まんだら人生論』『仏教とキリスト教』『仏教の歴史（全10巻)』など多数。

現代の課題に応える 仏教講義

二〇〇〇年三月一〇日 初版第一刷発行
二〇〇五年七月二〇日 初版第四刷発行

著 者 ひろさちや
発行者 西村七兵衛
発行所 株式会社 法藏館
六〇〇-八一五三
京都市下京区正面通烏丸東入
電話 〇七五(三四三)五六五六
振替 〇一〇七〇-三-二七四三

印刷 厚徳社 製本 常川製本
乱丁・落丁の場合はお取り替え致します
ISBN4-8318-7256-3 C1015